国家出版基金项目
NATIONAL PUBLICATION FOUNDATION

刘大年全集

书信（上）

十

長江出版傳媒
湖北人民出版社

编者说明

一、《刘大年全集·书信》（上、下）共收入刘大年先生自1946年至1999年的往来书信，及其保存的他人信函共900封，其中已公开出版487封，未刊413封。

二、《书信》（上、下）共分三个部分。第一部分“往来书信”，收入刘大年先生致他人书信，及与此相关的他人回函。第二部分“他人来函”，收入他人致刘大年先生书信。第三部分“收藏信函”，收入刘大年先生因工作关系保存的他人书信。

三、《书信》（上、下）每个部分的书信均按时间顺序编排。凡年份可考而月日无从考定的，编在该年之末；年份无从考定的，按书写的大致年代编在该年代的末尾，或编在每个部分的末尾。为便于阅读，相关主题的来往书信集纳在一起，按其中第一封书信的时间排序。

四、凡正文中提到的若干人物，在《书信》（上、下）每一部分第一次出现时，尽可能地稍作注释，再次出现时，除非其工作单位、职务、职称等发生了变化，不再重复注释。

五、在作注释时，参考了《刘大年存当代学人手札》（刘潞、崔永华编，中国社会科学院近代史研究所1995年印制）、《刘大年来往书信选》（王玉璞、朱薇编，中央文献出版社2006年版）。

六、残缺或模糊难辨之字，以□代之。

七、脚注均为编者注。

八、《书信》（上、下）由中央党史和文献研究院第二研究部处长、副研究员朱薇编辑。

目　录

往来书信

往来书信

一九四八年

1　致艾思奇[①]及复函

（1948年8月）

一

思奇同志：

教材提纲已草完，现正进行课文编写。

提纲送上，请交周扬[②]同志审查。因草拟时间仓促，缺点甚多，请他们多加指示，并盼于收集材料等方面能予帮助。

敬礼！

刘大年

八月廿五日

二

大年同志：

提纲收到，当立即传周扬同志。教务处要作预算，请你依据以前历史研究室经验编造一下（只包括研究及教育开支，生活费不在内）。哲学研究室、语文研究室可按历史研究室的数目折半预算，请与萧前[③]商量帮忙他们编一个。前天高山[④]同志提议，要有一笔活动的图书费，以便随时有人出去购买书籍。此意见很好，应编入预算内，请和他谈谈。赵俪生[⑤]先生的住处，我

---

① 艾思奇，时在中共中央宣传部工作，兼任华北大学研究部副主任、党支部书记。

② 周扬，时任中共中央华北局宣传部部长。

③ 萧前，时为华北大学经济研究室工作人员。

④ 高山，即王冶秋，时为华北大学四部研究人员。

⑤ 赵俪生，时任华北大学四部研究员。

原定是住在你的对面，如已住错就算了。

艾思奇

2　致艾思奇及复函

（1948年9月）

一

艾思奇同志：

政教处介绍唐彪、贾岩两同学来谈入历史室问题，唐是搞法文的，这里正有一批法文史料待整理，贾是学国文的，基础还好，我以为可以来，请你最后决定。如果认可，即告尹达①同志通知他们。他们还住在二部等着。

历史研究室公约送去，请修改。我觉得不妨订得较严格，执行时可稍通融。敬礼！

刘大年

九月三日

二

大年同志：

唐彪是否可以作为暂时帮助翻译的工作人员，如他自己有决心和有兴趣，自然也可以长期搞下去。总之，我同意现在就让他们搬入研究室。范老②昨日对秦思平说历史研究室条件应更宽一些，请考虑是否可以再添加一两人。哲学研究室有周耀眉及高潮③两人参加，已谈过，很快就会由尹达介绍来。公约我以为须在征求大家意见后，党内讨论一次，然后大家开会修改通过。支部要另成立，两三天内即可进行。

敬礼！

艾思奇

① 尹达，时在华北大学研究部历史研究室工作。

② 范老，指范文澜，时任华北大学副校长兼历史研究室主任。

③ 周耀眉、高潮，均为准备从华北大学短训部调至研究部的学员。

一九五一年

3　致范文澜[①]

（1951 年 10 月 7 日）

范老：

稿子又改了一遍，看来比原先好些了。最后请您自己改定。定稿后，似乎可以写个信连稿件一并送给康老[②]，大意说明上次送去的稿子是个急就篇，自我检讨也很不够，新稿仍系短时间改出来的，问题一定还不少，请予审阅指正云云。是否如此，由您斟酌决定。

敬礼

刘大年

五一、十、七

---

① 范文澜，时任中国科学院近代史研究所所长。

② 康老，指康生，时任中共中央山东分局书记。

一九五二年

4 致郭沫若[①]

（1952年9月12日）

郭老：

关于《科学通报》[②]我们想进一步整顿一下，打算采取两个步骤：（一）将第九、十两期和第十一、十二两期分别合并出版，以便集中力量总结经验，整顿内部；（二）适当扩大编委会，在自然科学方面再增聘四五人。明天编委会就要开会讨论，是否可行，请示！

刘大年

1952年9月12日

---

① 郭沫若，时任中国科学院院长。他在这封信上的批语是："同意。反对细菌战方面有要求，拟在《科学通报》出附刊，丁瓒同志知此事，望考虑。" 丁瓒，时任中国科学院计划局副局长。

②《科学通报》是中国科学院发表科研成果的学术刊物。刘大年时任中国科学院编译局副局长、《科学通报》主编。《竺可桢日记》1952年10月20日记载："八点半到院，刘大年来谈编译局事，将来主要方针，为设立科学出版社，成立《通报》和编辑室二室，培养翻译及编辑人员。中国科学史须邀请专人主持。"（载《竺可桢日记》第三册，人民出版社1984年版，第334页）

5　致邵荃麟[①]

（1952年10月22日）

荃麟同志：

科学院的思想改造工作早已结束。并由院学委会做了一个简单的书面工作总结。《光明日报》希望将这个总结配合几位副院长的检讨稿（重新改写过的）在报上发表。我想也可以适当宣传一下。现送上总结原稿一份，请审查。看是否可以在报上刊载。党内另有较详细的报告，谅已见到。

敬礼！

刘大年

十月二十二日

① 邵荃麟，时任中共中央宣传部副秘书长、政务院文教委员会副秘书长。他在这封信上的批语是："俊瑞同志：这个总结我觉得没有必要在报上发表。可考虑用种报导方式写一篇发表。高等学校思想改造总结不知是如何处理的。几位副院长检讨报告也不必公开发表，并请报告郭老。"时任教育部党组书记、副部长的钱俊瑞，1952年10月25日也在这封信上批语："同意荃麟同志意见，不必发表。"

一九五四年

6　致郭沫若[①]

（1954 年 1 月 29 日）

郭老：

文稿上加了一两句话，您看是否可以？

刘大年

一、廿九

---

① 郭沫若在该信上的批语是："加得很好。"

一九五九年

7 致牙含章[1]及复函

（1959年3月2日、3日）

一

含章同志：

上次承面允惠借大著《达赖喇嘛传》，非常感谢。我们目前正在编纂近代史中有关西藏的各节，迫切需要这方面的参考书籍，希望您在最近几天内费神检出寄给我。用完以后一定璧还。

敬礼！

刘大年

三月二日

二

大年同志：

送去您要的《达赖喇嘛传》一本，请查收。此书排印中错字漏字约二百余处，未印勘误表，希告读者注意。此致

布礼。

牙含章

一九五九年三月三日

---

① 牙含章，曾任中共西藏工委秘书长，《达赖喇嘛传》作者。

8 黄炎培[①]来函及复函

（1959 年 7 月 13 日、14 日、15 日）

一

文澜同志、大年同志：

6 月 27 日大年同志来畅谈甚快。别后琐事系系，我稿没有一天能续写。有几点笔谈一下：

1. 前曾谈及我朋友读地方志最多，著有《方志考》者，瞿宣颖[②]——原号兑之，现号蜕园——来京了。住在他的表兄朱桂莘[③]（启铣）家，东四八条 54 号电话 42879。他来京为的是朱桂老（89 岁）招来，帮桂老审阅关于油漆的著作。不久仍将回沪。如果有关于地方志问题，需要和他联系，这是一个机会。蜕园写了一种关于整理地方志的意见，由我转送徐冰、齐燕铭[④]两同志，这是两个月以前的事。

2. 为了写《八十年来》需要大事表一类的参考品。从辛亥革命到七七事变，我自己编有一种，解放后将鸿英图书馆[⑤]一切贡献政务院时，连这种一并贡献，但我抄存着副本。解放以后，已有《新华月报》可参阅了。只是从七七到解放，脱了一大节，最近从北京图书馆访知一种《第三次国内革命战争概况》，标明中国现代史资料丛刊，人民社 1954 年出版。推想你所和这刊物有关。向各处新华书店觅购，都已卖完，不知你所还有存品能给我一份否？盼赐复。

还和大年同志谈几点：

（1）前天面谈到五十年前上海有立宪公会，承示会长似是朱福诜，我对这名字记忆不起。现想起了。会长是朱葆珊，当时的商会总董。是不是他名

---

① 黄炎培，时任全国人大常委会副委员长，全国政协副主席，中国民主建国会主任委员。

② 瞿宣颖，民国初曾为北洋政府国务院秘书，国民政府内政部秘书，后为辅仁大学教授。

③ 朱桂莘，名启钤（信中将“钤”误写为“铣”），清末举人，曾代理北洋政府内务总长，1919 年任南北议和北方总代表。时任中央文史馆馆员，全国政协委员。

④ 徐冰，时任中共中央统战部副部长。齐燕铭，时任国务院副秘书长。

⑤ 鸿英图书馆，为黄炎培在上海创办的图书馆。中国社会科学院近代史研究所图书馆现存中国早年报纸，很大一部分是鸿英图书馆捐献的。

福诜，我不知道了。

（2）赵凤昌[①]家名“惜荫堂”，想起了。这一集团的经过，将在我稿里详叙公开。

（3）你说起我写的关于马歇尔[②]诗，是不是《延安归来》小册里“延安去”诗第三段，还是别一首诗？请示我。

缕缕奉白，乞恕繁琐。

一周以后，去北戴河了。

手敬！

黄炎培

一九五九年七月十三日

二

黄老：

手示敬悉。

借得您所需要的参考书两部，奉上备览。我上次提到的关于马歇尔的诗是七言绝句，大约写于一九四七年春天（？）。因为时间相隔已久，是在什么报刊上见到的一时记不起来了。祝您健康！

敬礼。

刘大年

一九五九年七月十四日

三

大年同志：

承借给两书收到，谢谢！

《第三次国内革命战争概况》，凑巧地昨先向民建[③]图书室借到。这一本奉还。现又查到《中外历史年表》，曾由三联书店赠我一本，两书是连接着的。此书留下备用，用毕奉缴。

马歇尔诗句觅到了。

---

① 赵凤昌，清末曾为湖广总督署总文案，南京临时政府成立后，为汉冶萍公司董事长。

② 马歇尔，1945 年美国总统杜鲁门派到中国的特使。

③ 民建，即中国民主建国会。

元旦三绝句之一

1947.1.1 上海

去年一月政协开，今年决议烧作灰。
借问将军马歇尔，将军端为何事来？

致敬！

黄炎培

1959 年 7 月 15 日

9　致郭沫若

（1959 年）

一九四四年作读《甲申三百年祭》书后三首。今逾十五年偶忆及旧作又续一首一并写呈郭老[①]教正，借博一粲。

（一）

崇祯一死骂名轻，三百年来有定评。
巨笔如椽翻铁案，史书功罪两分明。

（二）

踏破燕京铁骑骄，闯王赤帜正飘飘。
武英殿上升平酒，误尽三军解战袍。

（三）

倾国妖歌迹已残，将军何止重红颜。
黄冠碧血直须记，休把兴亡一律看。

（四）

换海移山十载余，万春亭畔百花舒。
汉文魏武从头写，未老温公正著书。

① 郭老，指郭沫若。

一九五〇年代

10　致梅青[①]

（1950 年代初）

梅青老先生：

十月八日的信最近才接到，子藩[②]来此后，始得悉一切。

华容解放后，我一直在想给你写信，因长期抱病，没有执笔。我和浴生[③]一九三八年七月间到西安以北一百余里的三吴堡便分手了。因从汉口到西安，浴生始终没有办妥入抗日军政大学的手续，他只好入当时驻在三吴堡的青年训练班学习。同年十月间，青训班的一部分并入抗大。他从三吴堡赴延安路经我处，曾见过一面。三九年一月我到了晋东南，他到了晋察冀，当时这两处都是抗日根据地，至一九四〇年我在冀南工作时，得悉他在河北平山县，彼此相隔路程只四五百里，但敌人封锁重重，通讯极不容易。我写了一封信，辗转投至平山，经过月余，原信被退回，上面写着“人不在此，原信退还”。从此以后，再也没有消息了。

平山县曾经是晋察冀的模范县，后来被敌人摧残得很厉害，按照浴生长期没有消息的情况来看，很可能他就在那时已经为革命牺牲了。如果不幸这是事实，你俩老当然是很悲伤的，但是浴生能为革命、为人民尽忠、尽孝，老先生已可谓有子矣，况灼生、文渊[④]还可为人民服务，更足自慰。浴生为人有毅力，革命意志也很坚决。虽然我没有来得及明白问他，但根据一般情形观察，他一定是中国共产党党员。如果将来有机会，我将写一点文字来纪

---

① 梅青，应作梅卿，刘大年家乡长辈。

② 子藩，即刘子藩，刘大年二弟。

③ 浴生，即刘浴生，1938 年与刘大年一起从家乡华容同赴延安。

④ 灼生、文渊，分别是梅青的长子和三子。

念他。至于对你家庭优待的问题，我对地方政府用个人名义写一个证明信去，请他们斟酌办理。

你的来信中说，人民政府以你为开明人士。我问子藩，他说你确实是开明，这就太好了。如果浴生有知，一定很高兴，希望老先生，继续这样做下去。你在土地改革中应分多少土地，政府一定按政策办事，你可以向群众说明情况，但无须多摆要求或多所主张。彻底废除中国的封建土地制度，是人民政府志在必行的事，因为只有经过这个步骤，才能使中国由一个落后的，被侵略、被压迫的国家，变成一个先进的、富强的国家。这对于广大人民，对于自己的儿孙后代真是无穷之利。个人目前的些小利益，是不足计较。这些大道理老先生一定十分明白，无须多说。

我处情形，子藩当可奉告，病体疲倦，恕陈不周。

敬礼

刘大年

11　致科学出版社

（1950年代初）

科学出版社：

原拟修订的拙作《美国侵华史》因个人工作计划变动，无法如期完稿。因此请贵社不要将此稿列入本年的出版计划之内，以后等有切实完稿时间，当再奉闻。

约稿合同退还，至祈原谅。

刘大年

三月十三日

12　致郭沫若

（1950 年代）

郭老：

此稿[①]希望您能动手删改，并在今天晚上退还我。

刘大年

五月二十三日早

13　郭沫若来函及复函[②]

（1950 年代）

一

马元材（非百）是什么人？您知道否？

尹达[③]同志交来了他著的《管子轻重篇研究》十九册到我处，很有些好的见解。

二

马非百这个名字听说过，是什么人不熟悉，我可以打听一下。

刘大年

14　致陆定一[④]

（1950 年代）

定一同志：

① 指中国科学院哲学社会科学学部报告“五月二十一日改写稿”。

② 本篇一为郭沫若在某会议上给刘大年写的便条，本篇二是刘大年在该便条上的回复。

③ 尹达，时任中国科学院历史研究所第一所副所长。

④ 陆定一，时任中共中央宣传部部长。

《历史研究》编辑部转给我曾彦修同志作的《评刘大年著〈美国侵华史〉》一文，我读了以后写了一篇答复的稿子。我写的稿子中有的地方涉及到党的政策和当前的实际斗争，希望您能翻阅一下，给予指示。为了便于查看，把我的稿子连同曾彦修同志的文章一并送去。

敬礼

又，两篇稿子都已投寄《历史研究》编辑部，商定由尹达[①]同志负责处理。

刘大年

一月十七日

① 尹达，时任《历史研究》主编。

一九六〇年

15　何干之[①]来函及致张维汉[②]等

（1960年12月21日、24日）

一

大年同志：

托谈协作的事[③]，不知结果如何？我这方面没有任何附带条件，不拘题目，也不拘短期或长期的，只要我能够做得到。虽然目前身体不大好，但在室内，总还可以做点事情。计划一经落实，我一定坚持到底，决不至于中途而废。希望得你的大力帮助。

祝好

何干之

一九六〇年十二月二十一日

二

维汉、黎澍[④]同志：

干之同志以前提出希望我所同他协作，写中日关系史。所谓“协作”，就是我们给他一两个助手，工作列入我所计划。我原来有一个想法：只要能够发挥学术界的潜力，对研究工作有利，这类工作我们应尽力促之，不要有所内所外畛域之见。按照我们今天的情况，究应如何办理，请考虑决定，最

---

① 何干之，时任中国人民大学教授。

② 张维汉，时任中国科学院近代史研究所副所长。他在篇二上注明：“我同意大年同志意见。”

③ 指中国人民大学与中国科学院近代史研究所协作写中日关系史一事。

④ 黎澍，时任中国科学院近代史研究所副所长。

好找干之同志谈谈。

刘大年

一九六〇年十二月廿四日

一九六二年

16　致郭沫若及复函

（1962年8月21日、26日）

一

郭老：

听说最近尊体不适，又正忙于著作，祝起居如意，精神佳胜。

送上《中国史稿》[①]第四册清样一份，请审查修改，并决定处理办法。

---

①《中国史稿》是由郭沫若主持编写的一部中国通史。关于此书的编写，刘大年在《田家英与学术界》一文中说："1955年，中国科学院已经成立三个历史研究所，经过酝酿，郭沫若同意主编一部中国通史，范文澜则继续写他的《中国通史简编》，各讲各的观点，推进历史学领域的百家争鸣。郭编通史后来定名为《中国史稿》，古代部分由历史所承担，分为一、二、三册，尹达负责组织编写；近代、现代分为第四、第五册，由我和家英主持编写。"（载《毛泽东和他的秘书田家英》，中央文献出版社1989年版，第158页）

关于《中国史稿》（第四册）写作的起因、过程等，叶桂生、谢保成著《郭沫若的史学生涯》记载："1955年7月，在第一次全国人民代表大会第二次会议期间，毛泽东向郭沫若提出了一项希望——为县团级干部编写一部中国历史。经有关方面的初步协商，1956年2月8日拟出一份《编写中国历史教科书计划草案》，其中有如下一些设想。""由全国史学家三十六人组成中国历史教科书编辑委员会，以郭沫若为召集人，负责教科书的编写工作。""由郭沫若、陈寅恪、陈垣、范文澜、翦伯赞、尹达、刘大年七人组成中国历史教科书编辑委员会的编审小组，负责组织写稿和审稿工作，由郭沫若主持。""当年7月1日，郭沫若邀请了50多位史学家和哲学家座谈编写中国历史和哲学史教科书问题。会上，中共中央宣传部部长陆定一谈了编写这两部书的意义，以及'请郭老来领导编写这本历史教科书的希望'。""会上确定，编写历史教科书作为高教部的任务，委托科学院负责。1957年初，中国科学院历史研究第一、二、三所进行分工，分别负责组织古代到魏晋南北朝、隋唐到鸦片战争、近代和现代部分的编写。1958年，列入国家计划。""全书的编辑工作在郭沫若领导下，由尹达、田家英、刘大年、侯外庐共同组织。""1958年年底筹备工作大体就绪。""半殖民地半封建社会上半部，由刘大年负责定稿，陆续付印。"载《郭沫若的史学生涯》，社会科学文献出版社1992年版，第311—318页。"半殖民地半封建社会上半部"即《中国史稿》第四册。

编辑说明照第一册成例略加简化，请一并阅正。

编写过程中遇到几个与当前生活联系较为密切的问题，我们曾加以注意。第一，边界问题：凡书中涉及边界的部分，均特地送请外事部门审查，并依照可靠的意见一一作了订正。第二，中国与某些邻国的历史关系：书中对此不能没有交代，为减少纠纷，一般都只作了最必要的叙述。第三，若干少数民族历史人物的评价：凡有意见分歧的，我们多作具体的史实叙述，少作抽象性的论断，以免麻烦和站不住脚。至于近代史上一些学术性争论问题，我们尽量采取较有稳定性的意见，学术界还没深入研究而又必须讲到的，就只有按我们自己的意见叙述。史实经过一再核对，但难保没有错误。

参加编写的同志主观上作过相当的努力。全稿几次改写，我自己也一直参与其事。无如力不从心，结果仍不令人满意，未免有负委托。

这份清样是最后的校正稿，出版社只此一份，请修改批示后退还。

又尊著《郑成功》已否杀青？我最近见到复旦大学教师朱永嘉同志写的《论南明抗清运动中各个阶级的动向》一文，对郑成功有所论述。文章写得不好，但见解颇为新颖，此稿尚未发表，附去请一阅。

敬礼！

刘大年

八月二十一日

二

大年同志：

八月廿一日信接到，谢谢您的关注。《中国史稿》第四册清样，火速看了一遍，写得扼要、明确、流畅，有吸引力。反帝、反封建的一条红线，像一条脊椎一样贯串着，这是所以有力的基本原因。我只在枝叶上加了一些小小添改，请看 29—30 页、58 页、149 页、208 页、237 页等处。书中凡关于条约、章程等，有的打了《》号，有的没有打，有的打了又勾了，不划一，我觉得宜一律打。又“借”“藉”二字，简化与不简化之间有些混乱。有些处本宜用“借”字，却又改成了“藉”。这些虽是小节，似乎还值得再斟酌一下。手中无书，此外提不出什么意见。好在是“史稿”，将来可以不断琢磨、改润。谢谢您和执笔同志们的辛劳，并祝贺您们的成就。

朱永嘉同志一文也看了。对于郑氏的看法太偏于否定。特别是郑成功的

反殖民主义斗争，在文章中只字未提，觉得有欠公允。专复。顺致

敬礼！

郭沫若

八月二十六日

一九六四年

17　致京都民科历史支部委员会

（1964年2月5日）

京都民科历史支部委员会，各位亲爱的朋友：

来函奉悉。

去年访问京都期间[①]，多承热情照顾，至为感谢。

回国以后，好多事情要处理，实在没有时间写文章。我在贵处讲过的《历史研究如何为人民群众服务》一稿，如果朋友们有兴趣，可以把第三节全部删掉以后摘要揭载。

一九六四年一月出版的《为了新的历史学》已经收到，从上面了解了不少东西。

祝春节愉快，祝您们事业的进步与日俱增。

敬礼

刘大年

1964年2月5日

---

① 指1963年刘大年参加中国学术代表团访问日本。

18　致何其芳[①]及复函

（1964年3月18日、20日）

一

其芳同志：

访问巴基斯坦十首、访问日本四首[②]一并送去，请予指正。出去走了一趟，需要交账，说不上是诗。

效杜甫六绝句除了昨天谈到的，还可以补充如下：一、“少见鲸鱼……”把“少见”改为“难得”，词汇、意境都好一些。二、“梦中失彩笔”，“失”可换为“输”。三、“堂堂李杜”一首最后两句，“初看满眼”一首最后两句不如其他各句意思显豁，需要有所改动。

通读各首，令人有清新的感觉。我那些十首、四首意浅词粗，和这不能相比。关键当在于立意。王夫之论诗：“意犹帅也。无帅之兵，谓之乌合。”这真是不易之论。

敬礼

刘大年

三月十八日

二

大年同志：

读大作十四首，感到写得很老练。日前见面时戏云“老手”，盖真心话也。若一定要我说点儿批评的话，我只觉得似乎用故实稍多，显得有学者气而已。钟嵘说：“观古今胜语，多非补假，皆由直寻。”许多清人的诗我不喜欢读，就是因为他们用典故太多。李商隐的诗流传的多抒情诗，一句一个典故的那些诗也恐怕不是他的好诗。因此，在《访问巴基斯坦》十首中，我觉得第三首、第七首最好。第五首“雕一律”一语就费解，不看注就似乎难

---

① 何其芳，时任中国科学院文学研究所所长、中国科学院哲学社会科学学部委员。

② 指刘大年访问巴基斯坦后所作十首诗与访问日本后所作四首诗。十首以《访问巴基斯坦十首》为题发表于《人民日报》1962年4月26日，四首以《访问日本》为题发表于《光明日报》1964年2月29日。

于明白。七律四首中，第二首、第四首的开头两句也是佳句。但我觉得七律似乎很难写得通篇自然，有诗意，而又对仗很工。像天造地设一般的有情调的有名对句向来就不多。这些都是妄言，幸勿见罪。

王夫之只讲过意，似尚未尽。我觉得也不是一般的意，而是诗意。但究竟什么是诗意，好像又不容易说清楚。前曾为文论诗意，想你不一定见到。现送上校样一纸，或可代一夕谈。惜不能立即听到你的高论而已。这份校样我没有校，想难免有错字。阅后可置之字纸篓中，不必退还。

我没有学过做旧诗，所以写得很生硬。谢谢你细心推敲，给我提出了许多好的修改意见！

敬礼！

何其芳

三月二十日夜

一九六五年

19　致张崇山[①]

（1965年）

崇山同志：

来函获悉。恰好头一天接赵洵[②]同志来信（赵洵同志来信只谈手表事，其他只字未涉及）及有关资料。我觉得事情很重要，向山复、导生[③]同志等作了汇报。他们甚为关心，很快做了研究。

党委决定接受来信中的建议，由韩幽桐[④]同志担任领队，参加分团党委。您改作副领队。其他同志均照旧。这样您的精神负担就解除了，可以集中力量做好张巷工作队[⑤]的工作。

刘大年

---

① 张崇山，时任中国科学院近代史研究所副所长。此时张崇山正率队在江西省丰城县农村参加“四清”运动。

② 赵洵，时任中国科学院语言研究所副所长。

③ 山复，即关山复，时任中国科学院哲学社会科学学部副主任。导生，即刘导生，时任中国科学院哲学社会科学学部副主任。

④ 韩幽桐，时任中国科学院法学研究所副所长。

⑤ 指中国科学院哲学社会科学学部于1965年9月派往江西省丰城县张巷公社的“四清”工作队。

20 致黎舟

（1965 年）

黎舟同志：

来函诵悉。得知一切顺适，甚慰。

您和分团来函，都提出要我们下一期仍分担一些在江西的四清。我已向党委反映，并作了研究。

感谢您们的盛意，我们也非常希望能够再去。不过事实上不一定能够实现。因为第一，我们单位的人员下期在哪里四清，要服从中央组织部统一调配。第二，各所正准备在乡下建立基点，长期滚泥巴。四清需要与建立基点的工作结合。江西人地俱宜，一切都好，但就是一条：路程太远，来往不便。各所的农村基地，将很难选择在那里。我们也曾着重想到：已经在那里搞过一期，人地较熟，工作有便利。因此，如果有可能，将不放弃机会。

对于目前在那里工作的科学院的同志，望随时多加督促，使他们尽可能地把工作做得好一些，多受到些锻炼。学部也完全同意。不想第二次地震把一百间左右的房子全部破坏了，要重新修理，不仅工程大，且那一带正在继续防震，最近也无法开工。以后情况现在难预料。因此，我们的方案一下子打乱了。下一步如何办，还要等一个时期再定，现正在酝酿之中。恐怕有些工作要等你们回来以后才能进行。团委总结工作我想您不必参加，跟大家一起回来为好。

四清工作现将近尾声，您可以找我们一些同志商量商量把写家史、村史的工作抓一下。体裁不拘，长短不限，凡能写好的人都争取写一两篇。对于我们阶级观点、思想情感是一个很好的锻炼，也是向劳动人民学习的一个方面。具体办法你们研究。能做多少，要从实际出发，但要求尽可能多做一些。

刘大年

一九六六年

21　致范文澜

（1966 年）

范老：

文稿打出送上。整理中主要变动为：（一）专讲吴晗的部分有压缩，以免拘限。（二）删去了统治阶级内部争夺史笔的具体叙述一段，只用几句话概括一下。因为详细讲那些情节，与全文不协调，也容易引起误解。（三）有几段话，移动了位置。现在看来意思清楚了，但要发表，有些话还要仔细斟酌。打印后我用红笔黑笔各改过的两份，送去红笔改过的一份，内容全一样。

刘大年

一九六〇年代

22　致陈伯达[①]

（1966年前）

伯达同志：

汪梅村日记、遗诗各一册呈览。

汪士铎字梅村、号悔翁，生平事迹及与曾胡等人关系详见日记序言。汪女下落序言中亦有交待。

诗似未尽脱凡响，不如其人之卓尔不群。《有感》一首见十一页。《邺下七子》中的包孟开、慎伯即包世臣，何秋涛著有《朔方备乘》一书，很有名。诗中又讲到张穆、陈庆镛、何绍基诸人，足证汪与当时知名士大夫是广有交游的。

敬礼

刘大年

九月十三日

---

① 陈伯达，时任中共中央宣传部副部长。

一九七二年

23　致郭沫若

（1972 年 9 月 12 日）

郭老：

您好。

向您汇报一下《中国史稿》第四册修改的情况。今年三月开始组织人力，到现在已经半年。当时希望九月底把这项工作搞完，现在证明那个设想很不现实。目前少数章节有了初稿，没有讨论；另一些章节动手不久。最近拿不出稿子，原因是部分人员由于修改范[①]著《中国近代史》上册，六月间才开始《史稿》的工作，篇幅增加，牵动面较大；工作时间上也有需要妥善安排、抓紧的问题。最近我们把工作检查了一下，重新考虑了一个计划。规定：一、今年年底完成第一章，约七八万字；二、明年六月底全部初稿写完；三、明年年底全书交稿，估计共三四十万字。人力重新作了调整，全组现有丁名楠、钱宏、何重仁、樊百川、刘仁达、金宗英、王明伦、刘大年等八人。大家表示决心很大，一定鼓足干劲，力争这个计划如期实现。

以上是否有当，请予指示。

敬礼！

刘大年

1972 年 9 月 12 日

---

① 范，指范文澜。

一九七三年

24 致郭沫若

（1973年12月19日）

郭老：

您好。

1973年很快就要过去了，向您汇报一下《中国史稿》第五册修改工作的进行情况。《史稿》第五册共三章。今年年底，第一章的修改工作可以全部完成，约十三四万字，比原计划七八万字，超过很多。第二、三两章，今年也写出了几节草稿，共十万字左右。最近我们全组开会总结工作，大家认为今年进展太慢，今后一定要提高工作效率，加快进度。经过讨论，制定了明年的工作计划：（一）“五一”节以前，如果具备印刷条件，第一章付印；（二）年底以前完成第二章的修改工作，约十五—二十万字；（三）明年写出第三章的全部初稿十五—二十万字。1975年上半年完成全书的修改工作，估计共有五十多万字，比修改前原书的十七万字，增加两倍。由于有了一年多的工作基础，这个计划是较为切实可行的。大家表示要加倍努力，决心使这个计划如期实现。

以上是否有当，请指示。

敬礼！

刘大年

1973年12月19日

一九七七年

25　致李玉琛

（1977 年 3 月 5 日）

李玉琛同志：

来信、稿件一并见到。

读了文稿，我有一点建议：遵照马克思主义、毛泽东思想的观点，抓住具体问题，讲清楚某个观点、某个事实，不去泛泛而谈。并且认真看一点原始材料，摆脱你们要批判的对象所划的框框的限制。这样，批判才能深入，文章也好写一些。从别人划的框框里面解脱出来尤其重要。不知同志们以为如何？原稿随信奉还。

刘大年

77 年 3 月 5 日

一九七八年

26　致胡耀邦[①]

（1978 年 7 月 10 日）

耀邦同志：

您好。

范文澜同志去世到明年就满十年了。近代史研究所决定编一部《范文澜集》，明年出版。书上要介绍著者生平，最好有个年表。为此，我们需要看一看范老档案中他写的自传、履历等材料。如无不妥，请指定一位同志同我联系一下，确定看阅材料的办法。候示。

敬礼

中国社会科学院近代史所　刘大年

七月十日

27　致林坚

（1978 年 8 月 1 日）

林坚同志：

潘汝瑄同志，党员，以前作范文澜同志的秘书。他去阅读有关的材料，请予协助，指导。

敬礼。

刘大年

8 月 1 日

---

① 胡耀邦，时任中共中央组织部部长。

28 致法厚

（1978 年 9 月 15 日）

法厚同志：

你们全家好。

前些天由近代史所办公室同志回了一封信，想已收到。你爱人的申诉书已送国务院信访办公室，没有办法退还给你们了。对于你的困难我很同情，但也只能同情，想要帮忙，实在帮不上。你爱人的工作问题，看来只有争取当地领导同志的支持，与原单位协商解决。你要我对申诉书表示意见，我也就是表示这个意见。

从来信上知道你怀念范老[①]，革命同志的感情很深，这也是我们共同的心情。祝你一切顺利。

敬礼。

刘大年

1978 年 9 月 15 日

29 致胡乔木[②]

（1978 年 9 月 20 日）

乔木同志：

院外事局同志告知，日驻华使馆打算建议我方邀请日本汉学家吉川幸次郎访华。吉川年事已高，与郭老相识，在日本学术界负有重名。一九七五年担任日本政府派出的文化代表团团长来过中国。当时他们的报纸上宣传，那个代表团是由所谓第一流人才组成的。如果对方正式提出建议，我觉得可以考虑由您或周扬[③]同志具名邀请来访。对于开展日本学术界上层的工作，这会有些好处。

---

① 范老，指范文澜，曾任中国科学院近代史研究所所长。1969 年 7 月 29 日在北京逝世。

② 胡乔木，时任中国社会科学院院长。

③ 周扬，时任中国社会科学院副院长。

吉川著述甚富，附去的诗[①]是他不久前寄给我的。

敬礼

刘大年

一九七八年九月廿日

30 致周建人[②]

（1978年9月21日）

建老：

您好。

范文澜同志去世明年就十年了。近代史研究所决定编一部《范文澜集》，明年出版。书上要附一个著者年谱，内容包括学术研究、社会活动等方面。您与范老多年知交，倘能写点片段回忆或提供来往书信等资料，当使年谱增色不少。又据范老生前谈及，他与鲁迅先生在南开共事，彼此熟悉，但没有文字材料，不知您有无所闻？年谱工作需要及早完成，最好十月间能收到您的东西。复示请寄东城区东厂胡同一号。如果您方便，我一定去当面请教。具体时间国庆节以后另订。

谨祝健康。

敬礼

中国社会科学院近代史研究所　刘大年

一九七八年九月廿一日

---

① 指日本学者吉川幸次郎赠给刘大年的诗："名士江东敢自居，惟欣禹域积薪书。谰言徒足酱瓿覆，陋巷愧停星使车。修史胜朝黄万似，杂诗论世魏龚如。今闻日月重开朗，篷矢桑弧兴未除。"关于吉川赠诗一事，刘大年在《赤门谈史录》一书中说："1963年我参加中国学术代表团访问京都时，曾在左京区西园寺别墅'清风庄'与日本学者聚会，吉川住址就在那附近。1975年夏，我写有'吉川幸次郎先生率日本学术文化代表团访问中国，为《北京公报》后中日文化交流又一盛举，赋赠一律'的俚句。其词曰：'久说神农带水居，北京新展一编书。谈文晓下留宾榻，讲学星驰使者车。人是东瀛刘沛国，艺兼西汉马相如。太平洋上鲸飞浪，待听鸿词壮扫除。'日本报纸称誉吉川代表团成员均系第一流人材，所以这里用了晋朝沛国人刘惔的故事。"（载《赤门谈史录》，人民出版社1981年版）

② 周建人，鲁迅胞弟，时任全国人大常委会副委员长。

31　致臧克家[①]

（1978年10月9日）

克家同志：

祝近好。惠赐大著，多谢多谢。

《诗刊》九月号上发表拙作四首[②]，平淡无味。第三首第六句“讙”又误植为“欢”，读者未免不知所云。据说“讙”有二义，一训为“喧哗”，一为“欢”古字。此处取第一义，形容鸦雀无声。好在无人注意，就让它“无欢”算了，一笑。

附去近作一首，请予指教。

敬礼

刘大年

一九七八年十月九日

32　致胡乔木[③]

（1978年10月18日）

乔木同志：

明年七月范老去世十周年。我们打算出版一本《范文澜历史论文选集》，作为纪念。在近代史所这要算一项重要的工作。送去下列三个材料，请予翻

---

① 臧克家，当时任《诗刊》总编辑。

② 指《东征口号》四首：“（一）神州谁敢总横行？落日卢沟大起兵。南度君臣棋乱局，北望烽火海扬尘。延安城重中兴府，八路军扬汉将名。如火旌旗向前指，长征歌罢又东征。（二）冰满戎衣雪满头，军行千里出奇谋。前锋踊跃趋延水，大队从容发鄜州。祖逖中流奋击楫，孟明东渡誓焚舟。永和道上丹青手，正画虾王泣楚囚。（三）帷幄运筹听总官，书生报国存心丹。吕梁料敌晨增灶，汾水迎人夜渡关。马骤尘飞星变色，抢持令紧雀无讙。奇兵忽见从天降，惊倒倭奴壁上观。（四）长驱上党众怀烈，百里绵峰一日驰。画角昂昂朝食早，铁衣赳赳枕投迟。扬眉合唱大刀曲，沥胆行吟破斧诗。儿女英雄多不贱，燕山射猎共相期。”

③ 胡乔木在这封信上的批语是：“其他均同意，《选集》中应该加进《汉奸刽子手曾国藩》一文。”

阅。

一、编辑说明；

二、全书目录；

三、《范文澜历史论文选集序》。

近代史所准备最近开会讨论这几个材料。十月底要发稿，希望在这以前听到指示和关于序言的修改意见。周扬、力群、光远[①]同志处已经分别送去了。

敬礼

刘大年

十月十八日

本月廿号以后我要到小汤山去，来示请由朱佳木[②]同志转近代史所潘汝暄[③]同志收。

33 致王子野[④]

（1978年11月12日）

子野同志：

转去辽宁来信一件，烦抽空一阅。

劣作《中国近代史问题》[⑤]再版时，漏下"社会主义阵营"一句，刊落未净，终为一累。关于这个问题的处理，我曾向人民出版社同志建议，换页（此句见于全书倒数第二页）或简单涂去以后发行。虽然费事，比积压起来造成浪费好一些。至于译成他种文字，只须把那句话去掉，其他无碍。但从

① 力群，即邓力群，时任中国社会科学院副院长。光远，即于光远，时任中国社会科学院副院长。

② 朱佳木，时任胡乔木的秘书。

③ 潘汝暄，曾任范文澜的秘书。

④ 王子野，时任人民出版社总编辑。

⑤1965年人民出版社出版的刘大年著《中国近代史诸问题》，1978年由人民出版社再版，书名改为《中国近代史问题》。

译者来信所述，似乎问题远不止此，那就是另一回事了。如何决定，我没有什么意见，希望人民出版社给辽宁一个复信，如何办理请酌处。

敬礼

刘大年

十一月十二日

一九七九年

34　致邓力群

（1979 年 1 月 18 日）

力群同志并党组：

黎澍[①]同志传达了乔木[②]同志和你的意见，要他担任刊物[③]主编，脱离近代史所。昨天我同黎澍、李新[④]、郭冲同志开会，对此进行了讨论。我们的一致意见：

一、黎澍同志可以用更多的时间去办刊物，但不要解除近代史所副所长职务。他对所里具体事情可以少管，兼任副所长很有必要，不应变动。

二、请党组任命郭冲同志为近代史所总支书记。除了党政工作，业务方面的督促检查和有关事项，也由他管起来。

三、我需要继续请假备课[⑤]。在此期间，所里经常工作由李新同志主持。

目前近代史所编制上已达二百零几人。其中四十多人是近一年多里增添的，业务骨干很少，借调的同志尚不在此数。所里没有房子，大部分人在家里工作。干多少算多少，计划大受影响。没有人集中来抓，会出现瘫痪状态。以上三条，就是从这个情况出发提出的。一、二两条，希望最近作出决定后通知我们，以便在所里具体安排。

敬礼

刘大年

元月十八日

---

① 黎澍，时任中国社会科学院近代史研究所副所长。

② 乔木，即胡乔木。

③ 指中国社会科学院新办的学术刊物《中国社会科学》。

④ 李新，时任中国社会科学院近代史研究所副所长。

⑤ 指刘大年受聘于日本东京大学研究生院，赴该校讲学，需备课一事。

35　致曹靖华[①]

（1979年3月10日）

曹老：

听说您在从化疗养，健康必日见增晋。

大作“漫忆”[②]的处理情况如下：一、全文放在“年谱”末尾，作为压卷。二、压缩一二处与范老没有直接关系的段落，只是删节，未动文字。三、文中说范老“替地下党转款，他的地下党员身份暴露”，与事实有出入，范老那时不是党员，作了改正。关于这一点，文集年谱发行在后，正可以作为《人民日报》的勘误，不另行更正也可以。

未能面详，有何指教，请函知。

敬礼

刘大年

三月十日

36　致向坊隆[③]

（1979年9月20日）

东京大学总长向坊隆先生：

令届新秋，遥颂贵体安好。

聘书[④]收悉。所有讲学事项，即照聘书内容办理。定于10月10日乘班机赴日，由小女随同前往。

---

① 曹靖华，曾任北京大学教授，《世界文学》主编。

② 指收录在《范文澜历史论文选集》（中国社会科学出版社1979年版）一书中曹靖华所撰《往事漫忆》一文。文中回忆了作者与范文澜自1932年相识后长达40余年的友情。

③ 向坊隆，时任日本东京大学校长。

④ 指日本东京大学聘请刘大年为教授的聘书。1979年初东京大学向中国社会科学院提出邀请学者赴日讲学的建议，后双方达成共识。刘大年为中国社会科学院受聘于东京大学讲学的第一位学者。

祝中日文化交流兴盛发达，前程似锦。

刘大年

一九七九年九月二十日

37 致邓力群

（1979年10月19日）

力群同志：

几次打电话，没有联系上。

明天我动身去日本[①]，时间三个月，特此请假。所里工作已开党委会安排。

近代史所为研究辛亥革命，了解同盟会的情况，给中央统战部写了一个报告。烦核阅。倘无不妥，请加上几句话，转给统战部，希望得到统战部的指示和大力支持。这项工作对于研究辛亥革命是很有意义的。

敬礼

刘大年

十月十九日

① 刘大年于1979年10月至1980年1月应邀在日本东京大学研究生院讲学。

一九八〇年

38　致宦乡[①]

（1980 年 2 月 7 日）

宦乡同志：

马克斯韦尔函一件，请一阅。其中叙述的印度学者古普塔来访以及我给他写信的原委，问外事局同志便知。信中提到他希望今年夏天访华，正在等待您的答复。不知已否确定？我如果回信，似乎不好回避此事。宜如何表示，请示知。

敬礼。

刘大年

2 月 7 日

39　致安藤彦太郎、安藤阳子[②]

（1980 年 3 月 30 日）

安藤彦太郎、阳子先生台鉴：

箱根度岁，椿山庄话别，转眼三个月了。回国后事物丛集，一直没有写信，老友之间，想不会见怪。人文科学交流协会[③]成立短短几个月，就实现了宦乡先生十人代表团访日，足证各位的工作做得很好，成就显著，应当祝

---

① 宦乡，时任中国社会科学院副院长。

② 安藤彦太郎，时任日本早稻田大学教授，东京日中人文社会科学交流协会理事。安藤阳子，安藤彦太郎夫人，时在日本早稻田大学中国现代文学研究所工作。

③ 指东京日中人文社会科学交流协会，1979 年 9 月 29 日成立，其宗旨是加强日中两国在人文社会科学方面的学术交流，为增进两国的友好和学术交流而努力。会址在东京。

贺。希望您们在最近的繁忙过去之后，照原定计划来北京小住一段。到时候，阳子小姐如果愿意就正在精心撰制的博士论文找专家交换意见，我当居间介绍，这正是学术交流工作的一种。

有泽[①]先生和交流协会各位长者烦代为问候，并祝健康。

余候面叙，顺颂

双安。

刘大年

一九八〇年三月卅日　北京

40　致彭真[②]

（1980年4月17日）

彭真同志：

我不懂法律，也没有做什么调查，对婚姻法上关于婚龄的规定有一点想法，陈述如下。

规定婚龄怎样才算合理，我以为应当按照辩证法，抓主要矛盾。讨论中主张适当提高婚龄的理由不少，如照顾大学生的学习，从医学上考虑妇女身体发育的情况等，都有一定的道理。但这一类道理很容易被驳倒，目前我国大学生只占婚龄人口的极少数；旧中国没有婚姻年龄的限制，我们民族的人口仍然滋长繁庶。目前婚龄问题上的根本矛盾，是一方面广大农村人口习惯于早婚，不愿意提高法定婚龄；又一方面，法定婚龄偏低，不可避免地要冲击计划生育，增加人口陡然膨胀的危险。即使法律上规定婚龄与育龄有区别，实际上也不可能就解决这个问题。提高或压低婚龄的实际意义，是缩短或延长生育年龄，这是很明显的。您在常委会上讲得很好，立法的依据只有一条：服从全国最大多数人民的最大利益。当前我国最大多数人的最大利益是什么？实现四个现代化，改变历史上遗留下来的穷困落后的面貌。控制人口，毫无

---

① 有泽，指有泽广巳，时任东京日中人文社会科学交流协会会长。

② 彭真，时任全国人大常委会副委员长兼法制委员会主任。1980年4月26日，全国人大常委会法制委员会办公室对该信的回复是：“刘大年同志：您对婚龄问题的意见，彭真同志已批送有关同志研究，作为修改婚姻法的参考。”

疑问在这个斗争中具有特殊重要性。因此我以为必须抓控制人口、实现四个现代化这个主要矛盾的主要方面。其他矛盾，如与农村习惯不合，会继续存在私婚、早婚，男女青年间发生一些事情等等，都只占极次要地位。历史教训决不应当忽视。党在现阶段的总任务是建设现代化强国，我们的一切法律都应该有利于促进这个任务的实现，而不应造成力量的抵消。我的具体意见，男女婚龄比现在的草案上各提高两年。法律是可以改订的，以后情况变了，我们再修改法律，降低婚龄就行了。一得之愚，聊备采择。
敬礼！

刘大年

一九八〇年四月十七日

41 致张国光及复函

（1980年5月5日、9日）

一

国光同志：

来函谨悉。大作讨论的问题，我完全外行，说不出什么意见。学术争论是好事。掌握事情的要点，提出证据，便会深入下去。文稿已转光明日报苏双碧同志，请与他直接联系。
敬礼。

刘大年

1980年5月5日

二

大年同志：

十分感谢您百忙中复示。岂仅我个人受到鼓舞，而且敝校一些师生知道此事的也无不钦佩您对学术论文之关注，与对无名作者之奖掖也。

学术讨论是非自有公论，我只望史学会领导支持这一讨论的开展，并不敢烦渎您肯定拙见。由于宋江历史为中外学者所重视，故由我的学生写了一篇报导，由我改过，力求客观地如实地反映各方面的观点。已油印寄学术刊物参考。谨寄上一份请您便中阅！

另我和另一同志撰有四十万字的《李自成年谱并考证》，其中一段已刊于我院学报，仅附呈一份请指正！从此文也可以看出我们的学风是否踏实也。先生事忙，请不必为此回信。

敬礼。

张国光

5月9日

42　致近藤邦康①

（1980年5月22日）

近藤邦康先生：

吴承明②先生回北京，知道您二、三月间曾至上海、广州一游。想必看了一些东西，未知兴会如何。我去年在贵校讲学，您每次必定出席，讨论讲求，正受启发，常在念中。

关于您打算来中国研究近代思想史一事，我曾向有关的朋友道及。接四月廿三日大函，知此项计划已推迟至明年。届时只要可能，当积极予以协助。日中学术交流正在前进，来日方长。照我想，此事迟早总是能够实现的。专此奉复，即候

近祺

刘大年

五月廿二日

① 近藤邦康，时任日本东京大学教授。

② 吴承明，时任中国社会科学院经济研究所研究员。

43 戴广田来函及复函

（1980年7月6日、8月9日，1985年9月28日）

一

大年先生：

您好！读了您为中国史学会成立撰写的文章，感到深受教益和鼓舞。记得读完您关于历史动力的论文，也有相同的感受。坚定的原则性，渊博的学识，严肃的战斗态度，充分明快的说理，使人知道作者“不为浮云遮望眼，只缘身在最高层”。先生的大作，在巩固五十年来马克思主义史学阵地和研究成果，进一步开展学术争鸣，批驳各种陈旧的“时髦”的错误论点，为祖国历史科学的繁荣开拓园地、培植土壤，武装新军方面将起到非常有益的作用。现在和未来的许多人，尤其搞历史研究的，一定对先生怀着敬佩和感激的心情。

马克思说过，为人类绝大多数人服务的工作，不仅不会使人在困难中屈服，而且会使他得到最大的快乐。“我们的幸福将属于亿万的人”。虽然我们今天所做的工作，还没有马克思的那样伟大。但先生的精神、心意，适如马克思讲的那样，我和所有的读者分享着幸福。

我是个青年，非常爱好祖国的历史，本来希望为史苑添一撮土，浇一滴水。我的能力太低，恐怕连这一点也办不到了。我想，假如我像先生那样，也一定会如先生那般去做。然而在实际上，我是个平庸无奇的人，到最后也只会是如此。虽然，我也要学习先生的精神，为人民做一些有益的事。祝愿先生为祖国的历史研究做出更大的贡献！不揣冒昧，有扰甚歉！

顺颂

著安。

保定农业专科学校　戴广田

七月六日

二

戴广田同志：

您好。

惠函好话说得太重，未免有不切实际之嫌。我做的工作很少。马克思主义知识只有那么一点点，不过是对这门无产阶级革命的科学确信不疑，肯定要终生受其鼓舞而已。我们都是“平庸无奇”的人。但平庸的人，积以时日，刻苦努力，未必就不可以做出“天才”方可以达到的某些工作。你喜爱研究祖国历史，这太好了。坚持下去，必有成就。希望读到你的作品，而且是有异于“平庸无奇”的。

敬礼

刘大年

一九八〇年八月九日

三

大年先生：

您好！向您致节日的祝贺！

前几年社会上有些人搞资产阶级自由化，企图否定党的领导和社会主义道路，也有人企图将几十年来历史工作者在马列主义、毛泽东思想指导下取得的辉煌成果一笔抹杀。那时您写了几篇文章，批判了这些错误思想，为捍卫中国历史科学的成果理直气壮地讲了话，发生了很大、很好的影响，表现了一个马克思主义史学家的卓识和铮骨。那时，我怀着尊敬和感激的心情给您写过一封信，说您做的事，大有益于历史科学发展的事业，历史工作者和人民是不会忘记您在关键时刻作出的贡献的。您回了信，表明自己坚定的意志，要终生受马克思主义的鼓舞，为发展历史科学奋斗，并对我这个“平庸”的人作了一番鼓励。

自那以后，对您的仰慕之情日增。我爱好中国历史，也确实下了十几年的功夫，但两次考研究生，虽然业务课还过得去，但外语不行，终没有被录取。1983 年考中央党校的研究生，侥幸得中，现在已学“党的建设”这个专业两年了，目前在准备论文。与您离得近了，思慕之心更不能抑制，总想见一见您，当面请教些问题，但又怕妨害您的工作。今年是最后一年了，所以下决心给您写这封信，如您能抽出空来，请赐知。我的通讯地址是中共中央党校 5 楼 229 室。如暂无空，那就等候机会。

我的论文题目选的是《略论毛泽东建党思想基本形成的标志及历史条件》，我想请教的问题是：1. 农村包围城市，最后取得全国政权的道路的历史根据。2. 中国的新民主主义革命是农民革命，是农民革命的最高形式。

敬颂

著安!

原保定农业专科学校教员 戴广田 谨

9月28日

44 致杨西光[①]

（1980年7月21日）

西光同志：

您好。

社会科学院近代史研究所需要增加一些人力。《史学》编辑苏双碧同志是学近代史的，他愿意到这里来搞专业[②]，我们觉得合适。《史学》改双周刊后，听说力量富余。如果您同意，苏就可以调出，望鼎力支持我们一下。

敬礼。

刘大年

七月二十一日

45 张蓬舟[③]来函及复函

（1980年7月21日、8月3日）

一

大年先生道席：

① 杨西光，时任光明日报社总编辑。

② 指苏双碧拟调中国社会科学院近代史研究所一事。关于此事，苏双碧在《作风民主，待人诚挚》一文中说：大年同志“问我是否愿意到近代史所工作。我说早有回北大历史系或到历史研究机关的想法。他说他想做些努力把我调到近代史所，并说黎澍同志也会赞成的。我以为这件事大多说说而已，没想到大年同志真当回事，非常认真，他破例亲自为这件事到光明日报找杨西光同志，希望西光同志能放我走”。（载《近代史研究》2000年第6期）

③ 张蓬舟，时任《大公报》上海版文教记者。

读本月七日《人民日报》所载大作[①]，对芸老[②]为人及其著述，先生知之最深，论之最切，至为钦佩！芸老遗著七卷，早经交稿，第八卷改用大事记，承其信托代笔，近亦完成，现方校改，争取月底发排，惜芸老不及亲见矣！

尊论旧本《总统密谕》各节，此次增订业已删除。此事舟曾建议保留原件，不加议论或改写议论，以存史实，适芸老病剧，未蒙采纳。亦属可惜，尊见以为如何？

昨与芸老夫人商及，拟恳允将大作加入八卷之末，题目可否改为：读后记——王芸生先生和他的《六十年来中国与日本》；文中“亦突之史论也”句，谅系落一“出”字，芸老病中赐函，脱误良多，盖精神已甚不继矣！此事如邀俞允，不但遗著增辉，亦足见先生与芸老之交情，亟望早日惠示，俾得遵循。

舟助芸老编成第八卷后，受其启发，深觉中日关系只以“九一八事件”为止，尽属陈迹，不足体现近现代情况，乃拟大事记体例，续编一《近五十年中国与日本》，编至一九八一年为止。虽历时五十年，其中有二十年实为空白，只得三十年事，但极重要，史学界当所急需，舟虽学力、精力均所不逮，亦甚愿在此离休余年中，以一二年时间，完成此事，所幸助编第八卷之同志，亦愿助力，条件具备，事可期成。先生如以为可，请在下月初约一时间，自当趋聆教益，至所深盼，专此奉牍，伫候明示，并颂
道绥！

张蓬舟　上言

一九八〇年七月二十一日

二

蓬舟同志：

大函诵悉。拙文如何处理，一听尊便。原稿在《人民日报》刊载以前，曾寄出版社祝立明同志处一份。末尾有几句话，发表时删去了。如收入芸老书中，尚需略作更动。芸老手迹二纸，随函奉上，敬颂代转家属，收藏保存。最近要短期外出，未获面谈。闻您续编《近五十年中国与日本》，可喜之至。

---

① 指刘大年《王芸生先生和他的〈六十年来中国与日本〉》一文，载《人民日报》1980年7月7日。

② 芸老，指王芸生，曾任《大公报》总编辑。

祝集思广益，早日告成全功。

敬礼

刘大年

八月三日

46　致黄一欧[①]

（1980年12月25日）

最近我撰制《横滨、东京孙中山遗迹访问记》一稿，其中一节讲民报、筑土八幡中山旧居和克强[②]先生东五轩町旧居。后者为以往记载所无。幸得一位佐伯老人回忆，得知克强先生曾在此居住之梗概。读《湖南文史资料选辑》第十辑大作，两处提到牛込区东五轩町“林馆”，佐伯老人的回忆，是为信而有征矣。据回忆者言：“林馆”门牌为东五轩町四十九号。主人姓林谷或林屋，家境宽裕，不靠出租房屋生活。房子是日式楼宇，院墙较高。克强先生去辫短发，常着日本缊袍漫步云云。拙制《访问记》将于明年一月号《文物天地》刊出（按：现已改为载在《文物》1981年3、4月号上），届时再邮上请政。

中山筑土故居亦能准确查明，唯新小川町二丁目八号民报遗迹所见寥寥。当年房屋固已毁荡无余，即地址亦不能确指。新小川町二丁目街道大致东西行，离街道东口约七十步，路南一楼即八号，门朝北；又街道西口往北拐，另有一八号，门朝西。两处何者为民报旧址，叩诸长老、先学，概莫能言之。七十余年后之今日，曾居住、往来于民报社者，先生而外，海内外料无其人。我想请您回忆一下，或就上述两处门牌地点作一判断，或另作描写，留一可资印证的记录。如果明年一月间得诵复函，我拟录在大约三月间出版的《访问记》第二部分后面，公之于众。事虽细末，能予解决，亦一快事也。未识

---

① 本篇是原信的节录，载刘大年《赤门谈史录》，人民出版社1981年版，第170页。黄一欧，黄兴的长子，1981年1月12日在长沙病逝。刘大年没有收到黄一欧的回信，却在一月十三日傍晚收到了“黄一欧同志治丧委员会”的电报。1月14日，刘大年复电：“惊闻一欧先生逝世，谨致如下挽词，以志悼念：名著两代，辛亥遗老无多位；书迟一步，民报旧址问何人！”

② 克强，指黄兴。

尊意以为如何？

47 致田中正俊[①]

（1980年）

田中正俊先生：

春日寓前一别，转眼已是月余。因忙于清理积务，至今方得走笔通问。东京的这次讨论、座谈，您始终热情参加，我从中获益不少，那段日子是难忘的。小岛晋治[②]先生也多次在一起讨论，临别又惠赠资料。我一并在此道谢。

朋友们怀着厚意，要我谈谈当八路军和研究近代史的经历。就我个人说，实在没有值得一提的东西。零零散散谈了一些，或者重要的内容没有涉及，或者某些具体事情记忆欠准切，不足为据。例如，介绍冀南行署主任杨秀峰时，说他留学德国，学自然科学。最近我有机会向杨老先生核对其事，留学德国不错，但他是学社会科学的。诸如此类，一定还有。因此我重申前议：即一，我讲的东西没有整理的价值；二，如果一定形诸文字，我希望能够过目，作些必要的补充、订正。特意拜托，请予关照。

中日学术交流正在进入一个新的时期。一水之隔，来往便利。您本人、大学院的青年朋友在研究资料、学术活动中，如果有需要我们协助的地方，不妨随时提出。凡可能者，我们将积极支援，增进多种形式的交流，这对彼此都是有裨益的。

中山美绪、臼井佐知子[③]两位小姐和大学院的各位青年朋友，我未能分别给他们写信，烦您代为致意。祝他们勇猛精进，攀登学术高峰，使青春放射光辉，为社会前进事业做出贡献。顺候

撰安！

刘大年

---

① 田中正俊，时任日本东京大学教授。刘大年1979年10月至1980年1月在东京大学讲学的研讨班的主持人。

② 小岛晋治，时任日本独协学院教谕，中国研究所研究员。

③ 中山美绪，即岸本美绪，时为日本东京大学大学院学生。臼井佐知子，时为日本东京大学大学院学生。当时两位是协助田中正俊处理研讨班具体事务的助手。

一九八一年

48 致宋庆龄及复函[①]

（1981 年 2 月）

一

一年以前，我在日本东京大学讲学，曾访问横滨、东京孙中山先生遗迹。回国后，写有一篇《访问记》[②]，追怀革命先进风烈，记录一些实地印象。

其中一节，讲您同中山先生结婚的时间、地点，并批驳台湾出版物上某些别有用心之说。关于结婚时间，各种材料证明为一九一五年十月二十五日，已无疑义。结婚地点，《访问记》上写的是梅屋庄吉住宅。根据为：一，《日本外务省文书》中警察逐日作的“孙文动静”秘报所述情节；二，我访问梅屋小女国方千势女士时，她的回忆叙述；三，〔日〕车田让治《国父孙文与梅屋庄吉》一书的记载。不过车田的书并非历史专著，而且不少地方也是以国方千势的书简为依据的。

日昨听尚明轩[③]同志转述，据您记忆，与中山先生结婚的地点，是在著名律师和田瑞家。倘若如此，对此事便须重新研究。历史事实的时间、地点直接联系在一起。为求准确起见，下面几个问题，不知能否回忆一下，酌予解答：

（一）日本警察秘报，说您是一九一五年十月二十五日下午到达东京车站的。这个日子是否对，或者前几天就到东京了？

---

① 本篇一是原信的节录，载刘大年《赤门谈史录》，人民出版社 1981 年版，第 172—173 页。

②《访问记》，指《横滨、东京孙中山遗迹访问记》，载《文物》1981 年第 3、4 期。

③ 尚明轩，当时任中国社会科学院近代史研究所副研究员。

（二）到东京以后最初住在何处？照警察秘报情节看住在梅屋宅，另一说住在青山原宿，何者为是？

（三）您和中山先生办理结婚手续和举行结婚宴会，全都在和田律师家，还是分别在和田、梅屋两处举行？

（四）中山先生一九一五年十一月中旬住在原宿，有给美国商人德崔克的信件为证。问题是结婚住的地点，如果不是梅屋宅，那么，警察秘报、国方千势女士的回忆，何以均言之凿凿呢？

问题很繁琐，时间又相隔六十余年，不敢望您逐一回答。能就记忆所及，撮述要点，就已经极为难能。辨明有关记载的是非真伪，实利赖之。拙稿《访问记》正由《文物》杂志排印中，一俟刊出，当即呈请裁正。有劳清虑，伫候教言。

二

刘大年同志：

二月二日为询问宋副委员长与孙中山先生结婚时间、地点等写的信已收到。

宋副委员长阅信后给的批语如后：（一）我是一九一五年十月廿五日和孙先生在律师和田瑞家行结婚礼。在那里签名，午后到梅屋先生家用茶点，然后到孙先生住宅。（二）我是一九一五年十月廿四日晨到东京（和二位广东同志）。那晚，我住在头山满先生和夫人的家。

上海辞书出版社《辞书研究》一九八〇。第四辑杨子佛写《对翻译外国辞书的两点建议》中有纠正宋副委员长和孙中山先生结婚的日期是一九一五年十月廿五日（不是一九一四年）。北京历史博物馆保存的结婚《誓约书》，更可证明。

以上转告知道。此致

敬礼。

宋庆龄副委员长住宅秘书室

一九八一年二月三日

49 致王子野及复函

（1981年4月7日、13日）

一

子野同志：

你好！有件事向你反映一下。

去年，我所张振鹍同志去法国进行学术考察时，了解到法籍华人陈庆浩（现在法国国家科学研究中心工作）有一个编印《越南史料丛书》的计划。全书均为中文资料，情况见附件。日前，曾和中华书局联系，他们觉得困难很大，难于办理。我想这部《丛书》对历史研究工作还是有用处的，我们如能出版，在政治上也可能带来一些好处。究竟如何，把两个材料都送去，请你们研究、衡量一下，作个决断，如何？

敬礼

刘大年

一九八一年四月七日

二

大年同志：

此事我问过中华李侃同志，他说他们考虑过，觉得很难办，经济上的问题，是次要的，主要是政治上的问题，没有把握。这些古旧正史都是越南人写的，肯定会有不利于我之处，删改也难，不加删改照样翻印未必妥当。我以为确实是个难题，不能决断。只好将原件退回，请另法考虑。

子野

四、十三

50 致宦乡

（1981年6月5日）

宦乡同志：

示悉。此事我以为可以同意。现在是台湾当权者害怕“三通”，我方处于主动。高函所列，纯属学术资料，这类交流，逐个办理，应属可行。
敬礼

刘大年
一九八一年六月五日

51　致江地[①]

（1981年6月30日）

江地同志：

大札获悉。最近我要到外地去几个月，不久就走。太原举办辛亥革命学术讨论会，很好，可惜我没有时间去参加了。谢谢你们的邀请，祝讨论会取得成就。敬礼。

刘大年
6月30日

52　拉特曼来函及复函

（1981年7月16日、9月14日）

一

亲爱的刘大年教授：

卡尔·马克思大学非洲和东方学系为纪念莱比锡大学前常任教授和莱比锡汉学家杰出代表爱德华·埃克斯教授90诞辰，并纪念莱比锡东亚学研究所建立30周年，将于1981年10月23日举行科学座谈会。

我冒昧邀请你参加这次座谈会，并由莱比锡卡尔·马克思大学负担费用，请你在德意志民主共和国逗留两周。

---

① 江地，时任山西大学历史系教授。

回忆1956年你作为我们的客人率领中华人民共和国代表团到莱比锡参加东亚学科学活动的日子，一切历历在目。如果我能在莱比锡再次欢迎你，我将非常高兴。而且，如果你准备就你的专门学科提供科学论文以丰富我们的座谈会，我们将非常重视。

你如接受这一邀请，请告知你经柏林—舍内菲儿德线到达德意志民主共和国航空终点站的时间，届时我们好在那里热情欢迎你。

拉特曼教授　谨上

1981.7.16

二

尊敬的拉特曼教授：

因为前一段时间我不在北京，迟至今日才看到您七月十六日的信，请原谅。

我衷心感谢您的热情邀请。但是，不得不遗憾地通知您，由于工作安排上的困难，我将不能出席十月二十三日举行的纪念爱德华·埃克斯教授九十诞辰和莱比锡东亚学研究所建立三十周年科学座谈会。

一九五六年我有幸参加莱比锡东亚学科学讨论会，至今记忆犹新。我想将来我们彼此还有机会进行学术交流。

预祝座谈会成功！

刘大年

一九八一年九月十四日

53　致仁木富美子[①]

（1981年7月16日）

仁木富美子女士：

大函诵悉。五月间曾在《人民日报》上读到您吊唁宋庆龄先生的诗

① 仁木富美子，《宋庆龄选集》日本版译者，时任日本宋庆龄基金会副理事长。

词①，真切感人。谢谢。七月廿一、二号以后我将到外地去。廿日尚在北京。我很高兴到时能见到您。谨复，并祝
教祺

刘大年
7月16日

54　致廖承志②

（1981年9月16日）

承志同志：

劣作纪念辛亥革命学术论文两篇③，陈请审阅。论孙中山一文已决定发表，末尾有驳蒋经国“以三民主义统一中国”一段，如有不妥，望从速示知。论宋庆龄文的内容和此时是否需要发表，均请予指示。

刘大年
九月十六日

55　华容丝绸厂来函及复函

（1981年10月12日、11月29日）

一

刘大年同志：

您早年离家乡投身于革命，抛头颅，洒热血，换来了今天的幸福；而今

---

① 指仁木富美子的《献给宋庆龄同志》，载《人民日报》1981年6月11日。中华人民共和国名誉主席宋庆龄于1981年5月29日在北京逝世。

② 廖承志，时任国务院侨务办公室主任。

③ 论文两篇，一为提交1981年于武汉举办的纪念辛亥革命七十周年国际学术讨论会的论文《孙中山——伟大的爱国主义者与民主主义者》（载《刘大年史学论文选集》，人民出版社1987年版）；一为《论宋庆龄》，未刊发。

您的家乡变了新貌，办起了丝绸厂，于八一年八月一日正式生产，现有工人四百五十六人，缫丝机八十台，织绸机二十六台，每年产丝能力四十三吨，织绸二十五万米，工厂还在逐步扩大。

此时此刻，家乡人民怀念离家革命的老同志，自己动手，用家乡水土培种出来的桑蚕原料，织出的软缎被面送给您做纪念以表谢意，同时，家乡人民决不辜负革命老前辈的希望，一定把家乡变成“鱼米之乡”，“丝绸之乡”，“棉麻之乡”而努力奋斗。祝您

身体健康！

华容县丝绸厂全体职工　敬赠

一九八一年十月十二日

二

丝绸厂党委和全体职工同志：

亲爱的同志们，从来信中得知，家乡办起了丝绸厂，规模不小，出品优良，很是兴奋。有志者事竟成，请接受我的热烈祝贺。

国营工业产品是全民财产，不应以任何名义化为个人私有。目前人民生活还不富裕，一丝一缕，来之不易，处处要精打细算。我是党的千千万万普通工作人员中的渺不足道的一分子，没有理由享受格外待遇。被面随函璧还，请予查收。同志们的盛情我全都心领了，并且要把心怀的感谢热忱用来做好自己的工作，以酬答骨肉相连的桑梓人民的厚望。

华容地区栽桑养蚕年代悠久，潜力很大。鱼米之乡加丝绸之乡，这个美好的目标在不远的将来一定可以实现。我们的社会主义祖国是有光辉前途的，一切造福于人民的事业都是有光辉前途的。祝同志们继续努力，精益求精，为生产立功，为伟大的社会主义锦上添花。谨复并致

敬礼

刘大年

一九八一年十一月廿九日

56　周锡瑞[①]来函及复函

（1981 年 11 月 18 日，1982 年 1 月 3 日）

一

亲爱的刘先生：

请原谅我用英文写信，但是我想尽快写信给您，以消除使我们双方都不愉快的境况。

今天我收到您邀请我参加辛亥革命讨论会的信柬。从邮戳上看，它是 1981 年 8 月 5 日付邮的。信上很正确地写着我在俄勒冈大学这儿的地址，但是我相信它一定是通过海上邮递送来的，否则无法解释它何以经过三个月之外才到达这里。

我知道这个讨论会目前已经开完，我非常遗憾自己未能出席。我曾非正式地听说我被邀请了，但是我始终没有接到邀请，因而未能成行。现在我仅希望为我没有答复您好意的邀请而向您表示歉意，并希望您能了解我之没有答复是不得已的，而非有意失礼。

据我所闻，您召开了一次非常成功的会议，谨向您表示祝贺。我希望将来的某个时候我们有机会见面。祝您和您在社会科学院的同事们一切都好。

周锡瑞

1981.11.18

二

周锡瑞先生：

去年十一月十八日大函已经收到，因故复信迟了，请予原谅。

武汉举行的纪念辛亥革命七十周年学术讨论会，无论从规模和水平上说，都是一次盛会。中外学者聚集一堂，在融洽愉快的气氛中交流学术，增进了解，各有收益。

与给您发出邀请信的同时，也给别的美国朋友发了邀请信，他们收到了，并且来了回信。所以当时我们曾等待您的光临。来函使我理解了您没有

---

① 周锡瑞，时任美国加州圣巴巴拉大学历史系教师。

能够参加讨论会的原因。航空邮件发生那样的延误，殊出意外。好在来日方长，中美两国历史学家的交流仍有机会。“后会有期”，同行们是可以这样相信的。

谨复，顺致

良好的祝愿

刘大年

一九八二年一月三日

57 致刘文渊

（1981年11月20日）

文渊同志：

从外面回京，见来信，又听说你曾到近代史所探访，雪天阻隔多时，失之交臂，太不巧了。信中述个人坎坷种种，这是以前没有想到过的。我们处在一个历史改换的大时代，每个人的遭逢不可能都一样。向后看没有用，只有向前看。努力为之，必能卓著成效，日臻佳境。

我与令兄浴生彼此相知甚深。一九三八年从家乡出发同赴陕北，在三原分手。大约两个多月后，他随青训班大队去延安，顺路至洛川抗大驻地找我。适遇我公差外出，幸得相逢于洛川北面的公路上。亦惊亦喜，其情可想而知。当时天已傍晚，他要追赶大队，不能久停，匆匆互勉数语，订通讯地点而别。后来听说他在晋察冀从事电台工作，作战中英勇牺牲。那次分手，便成了永诀。以他的沉毅有为，如果不是过早牺牲，肯定可以为革命做很多的工作。但他为民族，为人民而死，死得其所，是没有遗憾的。其奔赴延安也与我直接有关。长时间里，我一直想写点什么，用资纪念。苦于对他参加革命后的活动，所知甚少，至今未能把笔。耿耿此怀，不知今后能否有适当的机会去实现。①

① 关于刘浴生，刘大年在《有志青年到延安去》一文中说：“6月底回到家乡，准备去延安的行动。最大难题是如何筹措到所需要的路费。……常有来往的私塾同学刘浴生，这时在朱罂办的东山中学念书。他知道了我去延安，要求同行。但要弄到一笔路费同样困难。等到二十来块钱到手，他不管够不够，也决心走。……7月后半月，我与刘浴生一起动身。”（载《我亲历的抗日战争与研究》，中央文献出版社2000年版）

四十多年来，我一直没有离开宣传文教战线，做出的工作，简直不值得一提。随着年龄增大，身体越来越差了。在先烈面前，是后死者，自当如古人所说，老当益壮，力求在伟大的革命事业中贡献出自己微薄的一份，如此而已。有事可来信。问候

你们全家安好。

刘大年

一九八一年十一月廿日

58 致赵瑞蕻[①]

（1981年12月7日）

瑞蕻同志：

同游归来，转眼月余。记游之作，想必乘兴疾书，美不胜收，发表在望了。

我们商议的搞一个接触到的德方人士名单，不知已否就绪？新年以前，我想寄些贺年片去，做个秀才人情，但苦于手头只翻出了几个人的名片，其他缺如。为此，很希望最近就见到您编的名单，自然不必求全，能列举其尤要者和较熟悉的人就行了。汉学家的原文名下最好赘以中文名字，免得张冠李戴，贻笑大方。如何之处，专候回复。

其他如有相关的资料或反映，能见示一二，尤所乐闻。又，滔博、爱丽佳博士夫妇编的西藏书目，我和有关的同志谈起，他们很感兴趣。您如果通讯，不妨顺笔及之。

敬礼

刘大年

一九八一年十二月七日

---

① 赵瑞蕻，时任南京大学教授。

一九八二年

59　森正夫来函及复函

（1982年3月5日、17日）

一

尊敬的刘大年先生：

毕业京都大学以后一直到现在，我研究贵国明清时代社会经济史，研究的期内□□但是成果很少，惭愧极了。[①]

这数年来，我碰到了研究工作上的一些困难的问题，在摸索解决这些问题的方法中，我渐渐地感到了在贵国阅读资料和请贵国先学指教的必要性。特别一九八〇年访问了贵国以来，更切实地感到了。

但是，这五六年来，特别这一两年来，我自己的工作很忙，所以我不得不踌躇提出文件而应募日本学术振兴会的海外研究员，或参加日中协会主持的语学研修会而访问贵国了。明年以后，随着我的工作减少，我大概可以使用上面所说的机会。

然而，目前现出了我必要紧急地解决的两三个学问上的问题。加上，幸而，今年三月下旬到四月中旬，一九八二年度新学期开始以前，我的教学工作可以一时休止。所以，我冒昧提出这件申请。

两三个问题的内容是：

一、日本平凡社继续出版着的《中国民众叛乱史》第四卷执笔（写成）工作中，发生解决困难的一些问题：

《中国民众叛乱史》是为了介绍对于日本一般人民，中国前近代人民斗争的历史编纂的一套书，共四卷，内容都是资料的翻译注释，斗争的解说。

---

① 原稿此处字迹模糊，较难辨认。

京都大学古川道雄教授和我主编，我们两个和其他十一位先生共同执笔。

关于我自己担负的奴变和抗租的问题，我希望中国诸多先生给我指教。若是刘永成先生，韩恒煜先生，给我指教，很幸甚。

这书的第四卷，预定今年上半中出版，原稿基本上完成，但是还有多些不明白的地方。

二、我在年青时代开始研究中国明代的土地制度，特别以官田问题为首的江南地方土地所有关系上的诸问题。但是，也有很多困难的问题，特别最近同学们要求我解决这些问题。作为解决这方面问题的一方法，我希望阅读一些地方志（中国明代的地方志中，在日本没有的，和虽然在日本，而欠缺部分很多的。后者例如汉武苏州府志）。

三、关于土地制度问题，我希望再看先年我自己看过的上海图书馆、南京博物院收藏的明清时代实际生活上使用过的一些文件。若是被允许，也希望参观社会科学院保存这些文件的情况。

以上所说的，都是外国一个研究者的很有个别性的愿望。加上，希望访问的日期不合乎常识地逼近。在贵国人民为达成现代化日夜奋斗着而贵研究所，特别您的工作太忙情况下，处理我的申请上发生的诸问题，我恐怕，确是妨碍您们工作的顺利发展，很对不起。

再说，虽然我的听中文、说中文的能力很差，但是万一访问贵国之际，我能管理我自己的日常生活和工作，关于我有不明的地方，请照会在贵研究所研究着的滨岛敦俊先生（他是学问上的好朋友）。

再再说，我们名古屋大学，现在学长饭岛宗一先生（他是日中协会理事）的领导下，摸索着进一步发展和贵国南京大学协力的关系。要是在南京和有关先生们会谈，太幸甚。

最后，简单地总括我的申请的内容。

请允许我两三星期的短期自费访问。

希望访问的机关：中国社会科学院近代史研究所、历史研究所、北京图书馆、故宫博物院明清档案部（以上北京市）。上海图书馆、复旦大学（以上上海市）。南京大学、南京博物院（以上南京市）。

希望的日期：一九八二年三月下旬至四月中旬。但是这是很不害羞的愿望，若是您们允许另外的日期，我所属的名古屋大学，大概承认我的三星期内外的访中。

费用：有关一切经费，都由我自己负担。

烦劳您这样个人的愿望，觉得很不安。在您的工作太忙情况下，衷心请您保重。祝您

大安

森正夫

一九八二年三月五日

二

森正夫先生：

三月五日大函奉悉。您希望本月下旬来华访问，时间太紧迫了。我们作了认真的研究和努力，还是无法解决。近代史研究所今年接待外国学者的计划早已安排过满，经与历史研究所商量，遗憾的是，他们也同样担负了过重的接待外国学者的任务。因此，来信中所提计划，近期难以实现。

照中国社会科学院接待外国学者的惯例，一般是上年提出下年的访问计划，至少也要在半年以前提出要求。今年接待外国学者的计划，在年初已经安排完毕，今年下半年是否能有合适的机会，我们当予留意。俟有可能，将去信联系。专复，并祝

学安

刘大年

一九八二年三月十七日

60　致梅益[①]、宦乡

（1982年3月9日）

梅益、宦乡同志：

我给谢文孙[②]写了一封信[③]。现送上请审改，何时发出为好，也请示知。

刘大年

1982年3月9日

---

① 梅益，时任中国社会科学院秘书长。

② 谢文孙，时任美国密苏里大学教授。

③ 指刘大年1982年3月20日致谢文孙的信。

61 致谢文孙

（1982年3月20日）

谢文孙先生大鉴，并转维特烈会长、巴纳德主席、墨斐秘书长，各位教授、各位先生：

客冬以来，大函均悉。所设计的具体事项，办理颇需时日，未克一一奉复，至希鉴原。

胡绳先生一行出席贵会[①]，此间学者同声诩为推举得人。胡绳先生研究历史、哲学、经济等学科，成就卓越，宿孚众望。目光宏放，论议精辟，是其研究成果特色，即以新近所刊行的《从鸦片战争到五四运动》而言，实为历史学方面第一流科学著述，不止是中国近代史的杰作。巨手名家，自能作出客观评价。代表团的其他成员，饱学、新进兼而有之。他们诸位前往，对贵会的学术讨论，友好交往，自必有所助益，足为中美间的学术交流造成一美好记录。

辛亥革命七十周年武汉学术讨论会时，我曾代表组织委员会正式邀请台湾省学者莅会，他们未能光临，令人感到遗憾。台湾同行在史学研究中，近些年做过不少工作，大陆上学者的成果也常为他们所汲取，彼此进行学术交流，取长补短，有利无弊。他们何时来，我们都表欢迎，且必相待以礼。据闻秦孝仪[②]先生、张玉法[③]先生等多位，此次亦将赴会，发表论文。“以文会友”，中国前人所尚。如果大陆、台湾学者会聚一堂，就一些共同感兴趣的题目从容讨论，并为今后彼此间的交流堂堂然开其端绪，这是中国学界同仁所乐闻的。

大缄和电话，谓一些基金会、大学的朋友、资深教授，希望我能就此赴美一行。詹逊[④]先生来简亦曾道及。殷殷厚意，本宜从命，唯这次时间不巧，难以抽身。下个月起，我要担任中国史学会执行主席，明年我们举行年会，

---

① 胡绳，时任中国史学会理事、中共中央党史研究室副主任，率中国历史学家代表团出席1982年美国亚洲学年会。

② 秦孝仪，时任台湾中国国民党党史委员会主任委员。

③ 张玉法，时任台湾“中央研究院”近代史研究所研究员。

④ 詹逊，时任美国普林斯顿大学教授。

筹备工作亟待展开。手头个别编撰项目，也无法一延再延。明年夏秋间，大概能安排出一些时间。如果可以，和情况适合，我愿意到那时去利用这种机会。谨烦代向有关的基金会、大学的各位先生、教授深致谢意。具体的时间、办法可另行商量，增进中美两国人民的相互了解，加强两国人民的友谊，是一项伟大的事业。学术文化交流为此事业中不可缺少的一环。来日方长，工作很多。凡有需要而又力所能及者，个人自当竭尽绵薄。

亚洲学盛会开幕在即，胡绳先生为首前往出席，这本身即表明中国学术界对您们会议的重视和抱有良好愿望。希望讨论成功，果实丰硕。我作为中国史学会负责成员之一，并代表中国社会科学院近代史研究所，向亚洲研究协会领导人、会议主席、各位教授、各位先生谨致热烈祝贺。

刘大年

一九八二年三月二十日于北京

62 致市古宙三[①]等

（1982年6月17日）

致达市古宙三、佐伯有一[②]先生：

小疾平安无事，唯需休息几天。今晚的聚会未能亲往，致以为歉。

祝市古宙三先生在中国过生日，健康长寿。

欢迎二位不久的将来再次来中国访问。

刘大年

1982年6月17日

---

① 市古宙三，时任日本御茶之水大学教授。

② 佐伯有一，时任东京大学东洋文化研究所教授。

63　致华东师大青年史学社

（1982 年 6 月 24 日）

华东师范大学青年史学社各位同志：

函悉。祝贺你们完成学业，走上新的战斗岗位。我们伟大祖国四个现代化的历史，要你们这一代来谱写，中国马克思主义历史科学也要你们来加以发扬光大。中国前人有句话，叫做人皆可以为尧舜。希望你们大器自相期许，为伟大的社会主义事业，为马克思主义历史科学奋发努力，作出最好的贡献，并如群星灿烂。

敬礼。

刘大年

一九八二年六月廿四日

64　致林增平①

（1982 年 7 月 1 日）

林增平同志：

夏日炎炎，利用暑假写作，想必时有侵占。

杨君鹏程，系北京师范大学历史系中国近代史专业本届毕业生。在校政治表现良好，学习成绩优异，肯钻研，有分析能力，文字朴实清顺。中华《文史》与《近代史资料》上将分别发表他写的论文和整理注释的史料。师大原拟让其留校，近代史研究所亦需要工作人员，可以接收。由于其家属在农村，户口无法解决，只能回湖南由省教育厅分配工作。你校如需用此人，可与教育厅联系。不然，亦烦酌情向其他院校或研究机关、杂志编辑部推荐。如果分配到完全没有条件做研究工作的地点，有用之材，荒废可惜。杨同志 7 月中旬到长沙报道时，将前往拜望，盼加以关照指教。

又，明年历史学年会，主题、参考题目等，想早已从《历史研究》或其

① 林增平，时任湖南师范学院历史系教授、副校长。

他处获悉。湖南人力并非正弱，应该贡献出若干篇认真研究、确见工夫的文章。你自己写，还请及时狠抓一下，见出成效，实为企望，感谢之至。
敬礼。

刘大年

1982年7月1日

65　致傅衣凌①

（1982年7月10日）

衣凌同志：

六月下旬复电，谅邀尊览。致讨论会信一件，请代达与会各路诸侯和有关同志，谢谢。
敬礼

刘大年

1982年7月10日

66　致郑成功收复台湾三百二十周年学术讨论会

（1982年7月14日）

福建郑成功研究会邀集各地有关学者，隆重集会，纪念郑成功收复台湾三百二十周年，很有意义。我因事不克出席，谨代表中国史学会常务理事会并以我个人的名义，预祝讨论会成功，并等待着捧读各位的宏文杰著。

郑成功收复台湾今年届满三百二十周年。1683年康熙重新统一台湾，明年正好是三百年整。郑成功从西方殖民主义者手里解放台湾，康熙则把台湾同祖国大陆重新统一起来。他们彼此立场不同，但对中国所作的伟大建树，正合着两句成语：相反相成，殊途同归。今天，在我们讨论、纪念郑成功的时候，自然地就想到明年是否也讨论、纪念康熙统一台湾的不朽功烈问题。

---

① 傅衣凌，时任厦门大学教授。

光是这样提到一下，难免叫人莫名所以。我想就两条主要理由，试作一点陈述。

第一，康熙对统一台湾所作的重大贡献，应当得到恰当评价。郑成功从西方殖民主义者手里解放台湾是完成了事情的一半，康熙把台湾同祖国大陆统一起来，则是完成了事情的另一半。而且可以认为，后面这一半意义更为长远。因为台湾孤悬海上，必须有大陆政治、军事、经济、文化的全面支援，才能安定发展。否则形单势弱，极容易受到像潮水一样不时汹涌而来的西方殖民势力的侵袭。当时统兵入台的清军主将施琅就正确地指出过这一点。他认为红毛无时不在涎贪此地，其人性情狡黠，船只制作精坚，无敌于海外。必须加强台湾政治、军事、经济建设，防止红毛重来侵扰。康熙的对内和对外的斗争，都为中国留下了足壮观瞻的篇章。重新统一台湾是其中重要的一页。历史是人民群众创造的。康熙统治时期，中国所形成的疆域辽阔、民族众多的封建国家的强盛统一，人民群众的力量起着最后的作用。康熙作为一位杰出的封建君主，也知道他个人的作用有一定限度。1681 年，即重新统一台湾的前两年，平定了“三藩”。群臣争着歌颂康熙的功德，几次请上尊号，康熙坚决不许。一位叫何嘉祐的湖广道御史请上尊号的奏疏说：天下荡平，皆由于皇上一个人的功德。康熙回答说，这样讲，令他惶惶不安，“此奏无益”。台湾平定，群臣又一次请上尊号，他仍然拒绝，反对借此矜夸粉饰。康熙统一台湾，正是代表着那个时期历史前进的动向，反映了人民群众的活动和要求。我们坚持历史唯物主义，摒弃历史唯心主义，研究它，纪念它，不但是为了客观地评定康熙的功绩，也是为了说明人民群众如何创造历史。

第二，历史的经验应当总结。近三百余年间，台湾地区经历的道路是曲折的，又是对我们非常富有启发性的。第一次，它受到西方殖民势力的霸占蹂躏，郑成功把殖民主义者驱逐出去，表现出中国人民决不会容忍外部势力侵略、损害中国的领土和主权。第二次，郑氏政权与大陆相对立，康熙统一台湾，加上其他对内对外斗争，国力蒸蒸日上。大陆人民和台湾人民长期生活安定，深受其赐。第三次，中国进入近代，遭到帝国主义的野蛮侵略，沦为半封建半殖民地，台湾并有半个世纪沦为日本军国主义的殖民地。包括台湾在内的中国人民，并不甘心接受那种命运，英勇顽强，反复斗争，最后一一战胜强大的敌人，取得了民族独立。台湾别来无恙，依然是祖国的海上屏藩，东南一省。长江大河有支流，有主流。台湾近三百余年间，三次被分割、分裂，而又很快收复、统一起来，说明被分割、分裂是暂时的，是大河的支流，与大陆政治上的统一是常规状态，是大河的主流。中华民族是一个最富于凝聚力量的民族。台湾与大陆的统一，是由一千七百年的政治、经济、文化传统紧密联结在一起的。过去、现在和将来，都没有任何力量能够改变中华民族的强大凝聚力，改变历史形成的中国河山统一、各族人民团结前进的道路。研究这段历史，总结经验，它的现实意义是不言而喻的。台湾与大陆目前仍处在人为的分裂状态之中。中华各族人民，炎黄子孙，强烈希望台湾回到伟大祖国的怀抱，加速我国的四个现代化进程！去年国庆节前夕叶剑英委员长郑重宣布，然后又由我们党的主席胡耀邦在首都各界纪念辛亥革命七十周年大会上重申的关于台湾回归祖国、实现和平统一的方针政策，反响热烈，大得人心。大陆与台湾学术界的接触，事实上已经开端。今年4月间，大陆学者以胡绳同志为首、台湾学者以秦孝仪先生为首，一同出席美国亚洲问题研究协会举办的关于辛亥革命的学术讨论。台湾报纸或发社论，或长篇报道。虽然会后秦孝仪先生发表谈话，说同大陆学者一道谈论历史，“无聊透顶”，但是据说他仍向台湾当局建议：今后遇有这类学术会议，还是应当参加。可见不论谁想要把大陆与台湾隔绝起来，于今已经办不到了。总结康熙统一台湾的历史经验，明辨人心之所归，历史潮流之所向，对于促进祖国统一，早日实现民族大团结，无疑地将重有裨益。

从上面说的这一些可以看出，中国历史上与台湾有关的重要纪念日里面，郑成功收复台湾，康熙把台湾与大陆统一起来，都值得纪念，都需要重视。1945年日本投降，归还台湾，也是很重要的。不过它与抗日战争的胜利是同一件事，毋须乎单独对待。至于1983年康熙统一台湾三百周年，我们需要和可能做些什么，要各位研究者共同来出主意。中国史学会常务理事会到时也可以议论一下这个题目。

我国古人很早就懂得，从就近的历史中，探索辨别有关事件的是非成败，用以匡正自己的行动。所谓“殷鉴不远，在夏后之世”，就是这个意思。马克思主义的历史研究，是要阐发人类社会历史进程的内在矛盾和规律，引导人们更自觉地创造、推进历史。鉴古观今，评定事件的价值和人物的是非功过，也就在其中了。我们反对篡改、涂抹历史来解说现实，反对如“四人帮”那样，以谈说历史为名，行政治阴谋之实。那都是资产阶级实用主义，是唯心论，必须奋力扫除之。我们也反对因袭陈旧观点，看待学术与政治、学术与现实的关系。那种观点以为学术似乎是象牙之塔里的东西，研究历史与现实的联系越少越好。即使有联系，也必须是“浩然中立”，“无偏无党”的。人对社会历史领域种种现象的认识，永远不会完结，无数的奥秘等待着去揭开。但是这种研究工作与现实的关系毫无神秘的地方。古往今来的所谓“学术”“学理”“学说”等，无非是不同时代，带着不同阶级烙印的人们对社会历史、社会生活中各种现象所作的解说，就像人至今还不能脱离地球和它的卫星一样，那些解说也不能脱离时代环境、阶级土壤，反映出现实的某种需要。区别在于有的联系现实旗帜鲜明，有的千方百计加以掩饰；有的讲真理，有的讲假理；有的联系直接，有的间接；有的告诉人事物的状况或逻辑是甲，或被认为是甲，结果反而告诉了人事物的状况或逻辑是乙，或者实际是乙。事情异常复杂，我们应该注意的，是避免简单狭隘地看待这个问题。研究历史，联系现实，任何时候都可以进行，并不需要逢什么纪念日，多少周年。不过临到那种有意义的日子，回顾先代光荣业绩，总结以往，启发人们的思想认识，推进当前的斗争，只要我们采取科学态度，严肃对待，就有可取，而且是历史研究者无可旁贷的职责。郑成功收复台湾三百二十周年和康熙统一台湾三百周年，我想应该属于这一类。前面说的预祝各位集会讨论成功，理由也就在这里。

同志们评价郑成功，我主要讲了讨论、纪念康熙统一台湾的问题，希望不算是跑题太远。因为我们把中国历史上关于台湾的几个重要日子联系起来考察，对郑成功收复台湾的意义会了解得更加完整。刍荛之议，质诸高明，不知以为怎样？

刘大年

1982 年 7 月 14 日

67 致李白纪念馆

（1982年7月15日）

李白纪念馆负责同志：

两次来函索书，敬谢未能。厚意又不可却，勉强凑了几句话，随函奉上。用意只在答复来柬，求存礼貌。祈勿写出是幸。

敬礼。

刘大年

一九八二年七月十五日

诗人李白逝世一千二百廿周年

江油纪念馆属题

蜀道蚕丛今日扫，黄河咆哮旧时过。
请抛白发三千丈，纵听汪伦十万歌！

刘大年

一九八二年七月十五日

68 致邓颖超、廖承志[①]

（1982年7月19日）

邓大姐、承志同志：

送上关于出版《顾维钧回忆录》问题的纪要一件，请审阅。

---

① 邓颖超，时任中共中央政治局委员，中共中央对台工作领导小组组长。廖承志，时任国务院侨务办公室主任，中共中央对台工作领导小组副组长。廖承志1982年7月25日对该信的批语是："我赞成刘大年同志的意见，可以出版顾维钧长篇回忆录，请审核。"邓颖超1982年7月28日对该信的批语是："我对顾维钧，只知其名，不识其人，可请廖公与有关方面商酌办理。"

《顾维钧回忆录》主要记述了顾自北洋政府任职，到二十世纪五十年代于海牙国际法院退休这段时间的外交生涯。全书英文打字稿一万一千页。译成中文估计有五百万字。这是一个中国职业外交官第一部长篇回忆录。从学术上讲，对研究中国近代史、特别是中外关系史具有较高的史料价值；从政治上考虑，我们出版顾的回忆录，在台湾和海外侨胞中可能产生好的影响。顾维钧已年高九十四岁，我们认为，如能在他健在时看到此书的出版，作用会更好些。送去的《纪要》中决定的几件事，不知是否妥当？又鉴于我国出版力量不足，印刷周期较长，特请您们对此书的出版给以关注，批转文化部出版局大力支持。当否，请示。

刘大年

一九八二年七月十九日

69 致顾菊珍[①]

（1982 年 7 月 30 日）

顾菊珍先生雅鉴：

前年北京别后，遥想百事顺适。近闻老先生福体康泰，精神健旺，至为欣慰。望便中转达我个人和此间学术界的朋友对老先生的亲切问候。

外交部贺其治[②]先生自美国回国后，转达了老先生和您对出版回忆录的几点建议，我完全赞成。回忆录决定由中国社会科学院近代史研究所署名编译，归学术界卓有信誉的中华书局出版。完全尊重老先生的意见，对某些篇页将作适当删节。关于出版此书，知会哥伦比亚大学一节，日前已致函哥大校长。

贺其治先生还告诉我，他曾建议请老先生为回忆录中文版的出版写个前言。我觉得这个主意很好。回忆录成书若干年后，出版中文多卷本，由作者写个前言，或者对回忆录本身作些说明，或者抚今思昔，发一点感想，或者对祖国的统一，对海峡两岸的中国人说些话都是有意义的。不限内容，不拘

---

① 顾菊珍，顾维钧之女。

② 贺其治，时任外交部条法司顾问。

形式，不计长短，一切均请老先生自己裁定。如果可行，最好能在今年年底或明年年初寄来稿子，以便付排，并快先睹。

回忆录卷帙浩繁，预计将出十册左右。第一册已经译出初稿，约三十二万字。书局正在看稿。如译文无大问题，今年第三季度可望交付排字。明年七、八月间可以见书。以后各册将采取相对集中的办法出版，争取三四年内出齐。目前的计划如此，估计可以实现。

从您上次回国探亲，将近两年来，国内各方面的工作进展显著。希望您同钱家其①先生一起，抽暇再回来看看，想亦可以欣然色喜也。专此奉达，并祝

双祺

刘大年

一九八二年七月三十日

70　致阿沛·阿旺晋美②

（1982年7月31日）

阿老：

上次常委会后不久，听说您已回拉萨。从报上知道西藏形势大好，工作日有前进，令人欢欣鼓舞。

中国史学会订于一九八三年四月举行首次学术年会。这次年会有两个主题：一、马克思主义与历史科学；二、历史遗产与社会主义精神文明。为了使这次学术讨论会开得好一些，需要事先准备若干篇水平较高的文章。中国各民族先进文化的研究总结，各民族间的文化交流与相互促进，近代各民族的反帝反封建共同斗争，社会主义制度如何促进中国各民族的共同发展等等，都将是这次年会重要的论文内容。为此，想请您指示或委托有关的同志，组织在西藏自治区或在其他地方工作的藏族同志撰写几篇文章，并出席讨论会。这对于开好全国性的史学讨论会和促进西藏自治区学术研究，都很有意义。

---

① 钱家其，顾菊珍丈夫。

② 阿沛·阿旺晋美，时任全国人大常委会副委员长，西藏自治区人民政府主席。

文章题目由作者根据主题自定。今年还有五个月，文章最好能在年底以前定稿，以便付印，是否可行，请裁定，并望将您的意见示知。附上《中国史学会首次学术年会筹备工作会议纪要》，供撰写文章的同志参阅。

北京拉萨来往跋涉，辛苦可想而知，请为人民、为社会主义的伟大事业珍重健康。

敬礼

刘大年

一九八二年七月三十一日

一九八三年

71　致胡耀邦[①]

（1983年3月12日）

耀邦同志：

您好！

中国史学会订于今年四月十一日至十六日在北京举行学术年会。这是史学会恢复以来的第一次，也是建国以来的第一次。年会的中心是根据党的十二大精神，讨论历史学研究如何开创新局面的思想理论问题；同时也讨论“马克思主义与历史科学”和“历史遗产与社会主义精神文明”两个题目。我写这封信，是恳切希望您能够在会上作一次讲话。我们深知您和中央其他领导同志都在为社会主义现代化建设事业日理万机，刻无暇晷，那么为什么还要提出请您来这个会上讲话的要求呢？要详细陈述理由，很可以写成一封“万言书”。为节省时间，还是长话短说。

首先，我们觉得对于提高党的干部的政治思想水平和文化水平，认真重视历史经验，有这个需要。党反复强调在社会主义现代化事业中要重视文化，重视知识分子。这个英明决策，不但完全符合客观实际和现实需要，而且也是总结历史经验的结果。干部的政治水平，文化知识包括的内容很多、范围很广，有比较多的历史知识，肯定是其中重要的一项。长期以来革命建设正反两个方面的经验证明，干部，特别是各级负责干部，他们的理论、政策水平的高低，领导能力的强弱，与他们的文化知识水平密切相关；在一定程度上也可以说与他们历史知识的多寡有关。不论是搞革命还是社会主义现代化建设，都离不开中国的“国情”，都要从中国的实际出发。而这个“国情”

① 胡耀邦，时任中共中央总书记。

和“实际”，都不能割断中国的历史。回顾过去我们所受到的某些重大挫折和失误，究其原因，不少是与脱离实际、割断历史有关。历史不是与现实生活绝缘的东西，它与社会现实生活密切相关，重视现实与尊重历史是对立统一，是不可分割的两个方面。而这个道理，目前并不为所有的干部所了解。您的讲话，必大有益于改善这种状况。

其次，对于建设社会主义精神文明，向广大群众，特别是向青年一代进行爱国主义教育，有这个需要。中国人民是有爱国主义思想传统的。中国近代、现代一切革命者、先进者，首先总是爱国主义者。我们党的共产主义思想教育里面，历来包括着爱国主义的内容。在社会主义时期也不例外。“文化大革命”十年，把人们的思想搞乱了，对外开放，西方腐朽思想又乘机而入。党的十二大强调提出了建设以共产主义思想为核心的社会主义精神文明的任务，与建设社会主义的物质文明的任务相配合。这正是历史前进的需要。精神文明表现在各方面，爱国主义肯定是其中必有的一部分。尤其在今天，爱国主义的教育，可以说比任何时候更加重要，更加迫切。我们祖国的历史，不论是光荣史还是受侵略、受压迫的苦难史，都是培养人们爱国思想的源泉之一。研究、讲授历史，提高人们的爱国主义觉悟，增强民族自尊心和自信心，这是历史工作者义不容辞的光荣职责。我们自己应当在这方面作出最大的努力。但仅仅这样并不够，还需要有强大的推动力，来宣传、培育爱国主义这个时代和历史的思想主题，促进广大青年进一步树立爱国主义思想，把自己造就成为有理想、有文化、爱祖国、爱社会主义的一代新人。您到中国史学会年会来讲话，将成为这种强大的动力，引起重视，受到响应。

又其次，对于重视和加强历史教学、提高我国马克思主义历史研究的水平，有这个需要。近些年里，历史教学和研究工作者辛勤劳动，做了不少工作。大多数人赞成要以马克思主义为指导来研究历史，也出版了若干具有较高马克思主义水平、科学成就显著的著作。中国人口众多，文化悠久，我们理应在历史学领域有较大的贡献，而现在还没有做到这一点。历史研究是讲过去的事，但同样有联系实际的问题。作为研究工作的主流，应当满足社会主义建设的现实需要，回答实际生活中的重大问题。在这方面，有些思想认识并没有很好解决。我们不时听到史学界同志的一种感慨，觉得中央领导同志对历史学的关心和指导不如对文学艺术工作那样经常，那样具体。近几年来，您对文艺工作曾发表过多次讲话，这当然是完全必要的，也是包括史学工作者在内的全党同志所衷心欢迎的。但是对比之下，您对历史研究和史学工作者，还没有专门讲过一次话。我们觉得这种感慨和愿望是可以理解的，这无非是希望中央领导同志对历史学研究、历史知识的普及和史学工作者的提高能给以更多的关心和指导。历史学就其群众性和社会效果来说，虽然不如文艺那么广泛巨大，但它确实是马克思主义理论教育、社会主义思想建设中所不可缺少、不容忽视的一部分。您的讲话，不仅是对历史教学、研究工作者的鼓舞，也是对所有社会科学研究工作者的鼓舞。

照我们的了解，广大史学工作者是很想在社会主义现代化建设中有所作为的。党的十一届三中全会所确定的路线、方针和政策，又为历史学的繁荣开辟广阔的前景。史学工作者为了使自己的工作与新的历史时期的需要相适应，迫切需要提高自己的思想理论水平和专业水平。中国史学会举行头一次年会，您讲这方面问题，是一个极好的时机，极好的场所。乔木[①]同志、力群[②]同志处已经分别报告过，同时请他们也到会讲话。需要说的内容很多，不会重复，也不怕重复。我不敢妄加揣断，但是我仍然愿意这样说：相信您是会答应这个请求的。所陈是否有当，请予指示。谨致

崇高敬礼

中国史学会　刘大年

一九八三年三月十二日

72　致胡乔木、邓力群

（1983年3月12日）

一

乔木同志：

有两件事向您报告：

---

①乔木，即胡乔木，时任中共中央政治局委员。

②力群，即邓力群，时任中共中央书记处书记，中共中央宣传部部长。受胡耀邦、胡乔木同志委托，邓力群在1983年4月11日中国史学会首届年会暨中国史学界第三次代表大会开幕式上作了讲话。

第一件事，中国史学会订于今年四月十一日至十六日在北京召开史学会首届年会暨中国史学界第三次代表大会。各地各单位的代表和一部分论文作者共二百余人出席会议。我们希望届时您能到会讲话。听梅益[①]同志说，他已和您讲过此事。希望能予以同意。

第二件事，我给耀邦[②]同志写了一封信，也是请他讲话的，在信里面我陈述了一些理由，已请力群同志转达。信的副本附去，请审阅。如果您不认为有何欠妥，希望费力促成之。

您讲话的内容，我想和耀邦同志不会重复。如果要提点希望，最好能多讲讲关于马克思主义历史学如何开创新局面的思想理论问题。这也是本次学术年会的主题。需要我们汇报情况或要什么材料，烦随时示知。谨致
敬礼

刘大年

一九八三年三月十二日

二

力群同志：

汇报有关中国史学会举行年会的两件事。

一、我给耀邦同志写了一封信，请他到会讲话。社会科学院春节茶话会上，向您讲过此事。现送上信的打印稿，烦审阅后转耀邦同志，并请费力多替史学界同志讲几句话，使之见诸实现。

二、请您和乔木同志到会讲话。您讲话的题目内容当然由您自己决定。乔木同志处我已另外写信，并寄去了给耀邦同志信件的副本。也请您设法促进。史学会重建以来的三年间，做了一些工作，但距最初的要求相去甚远。这次年会和代表会应当成为一个新的起点。同志们对此抱有很大的希望。

会议定于四月十一日至十六日在北京举行，学术会与代表会同时开，规模约二百余人。如果需要汇报情况，请随时示知。
敬礼

刘大年

一九八三年三月十二日

---

① 梅益，时任中国社会科学院党组第一书记。

② 耀邦，即胡耀邦。

73 致阿维勒[①]

（1983年4月8日）

尊敬的阿维勒教授大鉴：

三月二十三日来函奉悉。信中所述情况[②]我同样感到关注。已经通知我们的秘书处，今后与国际历史科学委员会保持密切的联系，以利工作。

请允许我祝贺您荣任新职。当前您工作繁忙的状况是可以想见的。因此我完全同意来信中的建议，将您访问中国的计划推迟到1984年第一季度进行。具体时间决定后，望尽快函告。中国史学会的朋友们期待着同您的愉快见面。

中国历史学家参加第十六届世界历史科学大会的筹备工作，正在积极进行。我们希望不久就能确定出席者的名单和论文题目。时间可能稍晚了一些。希望转告大会办事机构的朋友，略事通融。

中国史学会最近就要举行第三次代表大会。新的理事会产生后的有关事项，将报告世界历史科学委员会总秘书处。谨此函达，并致

敬意。

中国史学会执行主席　刘大年

1983年4月8日

74 致萧恩元[③]

（1983年6月17日）

萧恩元同志：

上个月寄去拙作《关于历史研究的指导思想问题》已收稿，曾希望连同

① 阿维勒，即埃莱娜·阿维勒，时任国际历史科学委员会秘书长。

② 这里指中国史学会秘书处同国际历史科学委员会秘书处之间的联系不够畅通，阿维勒对此有所批评。此信发出的同时，确定由中国社会科学院世界历史研究所副所长张椿年负责同国际历史科学委员会联系。此后情况大有改善，双方联系顺畅。

③ 萧恩元，时任《天津社会科学》编辑。

旧稿一并退还。迄今未见赐复，不知是否收到了。最近又有改动，两个稿子一并作废。专此奉闻，请予原谅。

敬礼。

刘大年

1983 年 6 月 17 日

75 致《哲学研究》编辑部

（1983 年 7 月 20 日）

编辑部负责同志：

小稿[①]一篇，请予批评。

一直阅读你们赠送的刊物，总想对编辑部工作尽点绵薄，又实在挤不出像样的东西。此稿主要想听听你们的意见，请不要捏着鼻子勉强刊登。研究工作必须回答点问题，这里并没有回答什么，只是重复老话，略微加上些新文献而已，算不得研究。

社会科学院的刊物中，照我的感觉，《哲学研究》是办得好的。方向比较明确，有些确有研究的文章，繁琐哲学少，新题目、新面孔多。差不多每期总有一两篇文章，我是从头到尾读的。一期刊物，要每篇文章都引人入胜，没有可能，只要少数几篇内容充实，刊物就有吸引力，就起作用了。《哲学研究》接近于此。院内几家历史刊物，当然我也是读的，但可能是由于兴趣不广，视野狭窄的关系，仔细读过的文章数量，反而不及《哲学研究》。我的说法当然不足为凭，作为一个读者浮光掠影的感想，似乎也不妨姑妄听之。

敬礼

刘大年

一九八三年七月廿日

① 指刘大年《论领袖与群众》一文，《哲学研究》1983 年第 9 期刊发。

76 致邓力群[①]

（1983年7月20日）

力群同志：

一九八四年一月，是孙中山主持的国民党第一次代表大会六十周年。北京和外地几位历史研究者，给中央领导同志写信，建议举办纪念活动，托我转呈。

我的想法是：一、开展对台、对外工作，这是一个适当题目。是否举行政治性纪念，请中央考虑决定。二、学术讨论会可以召开，必须认真准备。因为政治性强，涉及面广，应请社会科学院党组直接领导，并与中央统战部、对台工作等单位一起制订方案。中国史学会在上述单位的领导下出面举办讨论会，此事问过梅益同志，他表示赞同。

从现在到明年一月只有五个多月了。不论举办哪种活动，都需要尽快决定，赶紧筹备。建议信附上，请予指示。

敬礼

刘大年

七月廿日

77 致朱雍

（1983年9月6日）

朱雍同志：

信悉。

听说考卷评阅结束，专业课分数太低，一直是抱着录取愿望的，经过讨论，只好放弃。一个人有无真才实学，试卷以及相关的头衔，本不足为凭。清代那么多状元，确有学问的寥寥无几。但是既然考试，也就得服从那种规

---

①邓力群在这封信上的批语是：“梅益、马洪同志，我倾向第二个办法，可问问统战部，取得一致意见后，向中央再写一报告。”马洪，时任中国社会科学院院长。

矩。照我看，此番没有考取，应当认为是件好事。一帆风顺，缺少反面力量的激励，甚不利于奋发有为。柳宗元《敌戒》一文，讲这方面的道理很深刻，不妨一读。马克思指出只有不畏劳苦沿着陡峭山路攀登的人，才有希望到达光辉的顶点。这永远是我们的座右铭。有志者事竟成，下次再考吧。

敬礼

刘大年

一九八三年九月六日

78 张友渔[①]来函及复函

（1983年9月6日、17日）

一

大年同志：

王黎夫[②]同志来信要寄给他一些我院出版的研究历史方面的资料，请您选寄（我不了解该寄什么）。款由我付，不必要他汇款。您们出版的刊物，可否经常寄给他?

附黎夫来信，阅后退我，以便复信。

友渔

9月6日

二

友渔同志：

黎夫同志讲读些历史书，我开了一个简单的书目，供他参考。现代人的著作，最好仍以读郭老、范老的书为主，兼及其他。社会科学院出的历史刊物如《历史研究》《近代史研究》等，可以从邮局订阅，但大部分的文章恐怕难以引起阅读的兴趣。

---

①张友渔，时任中国社会科学院副院长、法学研究所所长。

②王黎夫，时任浙江省人民政府外事办公室主任。

敬礼

刘大年

一九八三年九月十七日

79 致蔡德政

（1983年9月10日）

蔡德政同志：

五月间来信收到，没能及时作复，请予原谅。你所问的事情我知道的很少。铁墙院子的住户有位蔡秋芳，大概是你的叔父。此人略有文化，偶然听到他谈起，你父亲是在国民党军队里做事。一九三八年我去陕北，将要路过西安。这时听秋芳说：你父亲在西安国民党军队别动队工作，头衔可能是少校或中校。

在那以后，我离开家乡，就再无所闻了。

刘大年

1983年9月10日

80 致黄松英

（1983年9月15日）

黄松英同志：

来函获悉。

信中所述论文和刘、钱二位同志的意见，我都没有看过，无从置评。就是我读了论文，十之八九也提不出有价值的评说。这决非客套，是老实话。学术问题上的不同意见，常常对人是一种启发。问题是要善于汲取运用。事情既然已经过去了，正确的办法是向前看，实至总可名归。失之东隅，收之桑榆，时间不晚。感谢同志们对我的信任。

敬礼。

刘大年

1983 年 9 月 15 日

81　范若愚[①]来函及复函

（1983 年 10 月、11 月）

一

大年同志：

有一个历史上的问题想请教你。周恩来同志在起草国际文件时，凡是写成形势“缓和”时，他都改为“和缓”。他说，他查过史书，历史上有兄弟二人，老大叫“医和”，老二叫“医缓”，证明古语中就是“和缓”的。但查不到这两人是什么时代人？你如知道，请不吝赐教。

范若愚

二

若愚同志：

周总理关于“和缓”的解释，出处在《左传》上。医和、医缓均春秋时名医，但并非兄弟。医和秦人，医缓晋人，即“病入膏肓”的发明者。因为两人时间相近，后人取其简便，合称“和缓”。《左传》是按时间顺序排史事的。鲁国国君即所谓“公”，其顺序是隐、桓、庄、闵、僖、文、宣、成、襄、昭、定、哀。医缓的故事在“成公”十年，医和的故事在“昭公”元年。据此，应当是“缓”在前，“和”在后。然而据辞书所引征，古代人多用“和缓”，而不用“缓和”。例如班固并称“和（扁）鹊”，宋朝人称“列子之文和缓”。《艺文类聚》载某人的赋有“讲和缓之余论”等便是。看来“和缓”与“缓和”两者都有其根据。周总理改文，引经据典，足见其读书细心，见闻博雅。

浅见如此，未知确否？供参考。

---

① 范若愚，曾任周恩来秘书。

敬礼

刘大年

一九八三年十一月一日

82　致芷馨

（1983年11月10日）

芷馨老同学：

你孩子的来信收到了。从前总是没有确实消息，见来信，很高兴。长时间里，你经历各种困难，辛苦了。现在有子有孙，丰衣足食，晚景足娱。这对你的长期辛苦，是一种很好的安慰。

我目前身体情况还可以。跟着年龄的增长，自然是越来越差。回家乡看看的愿望是有的。由于抽不出时间，愿望能否实现，很难说。如果回去，当然希望看看你和你的家庭。

我们这一代人生活在革命和变动的大时代。每个人的情况不同，在变动中有遭遇好的，有遭遇不好的。经过革命，社会、国家变好了。我们的子孙后代，也就可以享受革命带来的幸福了。遇事看大处、看远处，将大有益于身心健康。

就说这些。你多注意身体。等有了机会，我们或者能够再见。

敬礼。

刘大年

一九八三年十一月十日

83　致敬发

（1983年）

敬发同志：

关于师力坤[1]同志转往中医院治疗的事，我按照您的意见进行了。首都医院大夫答复：他们那里没有请外院大夫会诊的先例，除非本院不能确诊。再三商量，无济于事。现在决定转肿瘤医院，并已办妥手续。不过病情恶化很快，挽救能起多大作用，很难说。人事已尽，老同志情谊已尽。对您的宝贵帮助，至为感谢。敬礼。

刘大年

① 师力坤，刘大年夫人，1983年病逝。

一九八四年

84　致黎元善

（1984 年 3 月 8 日）

教育志编写组、黎元善同志：

大函获悉。你们做了很多工作。所示给《华容教育志》写叙和题字，自是一番美意，本当如命。可惜我对这方面的情况所知太少，说不出什么东西。如果全是讲空话，便毫无意义。题字也不足以为教育志增色。因此，两件事都只有作罢，请多加原谅。

你们从事的工作我是关心的，也希望能尽点绵薄。各地陆续在修县志。华容将来办此事时，如果你们觉得需要，我可以做点参谋、顾问工作。是说的工作，不是说名义。大概我也不会有多少好主意。不过多一个人的意见，或者不为无益。

人物志可以编写，但要分析，不能都从肯定的角度去写。其中如蔡元吉，便甚不足取。他深蒙李秀成佳爱，与其他少数人受守江浙重任，很快投降清军，反戈相向，博得清政府青睐，给予嘉奖。最后裹得大宗财物回到故土，成为全县第一号大地主，等等。其人其事作为农民战争中的一种现象，可以研究，但不应在志书上予以表彰。所有人物事迹，均需核实，信而有征。评述不虚美、不溢恶，要重视思想性，要有教育意义。切忌为写传而写传，把一些不值得讲的人和事，宣扬一番。给后人留下不良的东西。我希望看到你们的新成果。

敬礼

刘大年

一九八四年三月八日

85　致拉斯坎贝尔[1]

（1984 年 3 月 19 日）

尊敬的拉斯坎贝尔教授：

您好。

从我的孩子刘醒吾[2]的来信中，得知您对他以及所有中国留学生的教育、培养，竭尽心力，不辞辛劳。您的工作是高尚的，值得敬佩的。特别是我的孩子刘醒吾，当知道他母亲不幸去世的消息，非常悲痛的时候，您给予了十分可贵的同情和安慰。教授先生，请接受我的诚挚的感谢。听说您将于五月间来北京访问，我很乐意那时面致谢忱，同您会见。我的工作单位是中国社会科学院近代史研究所，地点在北京王府井大街东厂胡同一号。届时由您的接待单位的朋友或您在北京的学生电话联系，就可以找到我。中美两国人民的友谊，传统悠久，意义伟大。这种友谊需要不断增进，永远发展下去。愿我们共同努力，在这个伟大事业中贡献自己的力量。祝您百事顺遂，并颂教安。

您的学生的家长　刘大年

一九八四年三月十九日

86　致岳阳楼大修办公室

（1984 年 4 月 1 日）

岳阳楼大修办公室负责同志：

岳阳楼大修是一件好事。很早以前我曾去那里游赏。接悉征集作品来信，写了下面两行字：

鲁肃兵轻范公文远万般气象观今日；

① 拉斯坎贝尔，时任美国加州大学洛杉矶分校应用语言学系系主任。

② 刘醒吾，刘大年之子。

滕王歌歇黄鹤踪杳十面湖山上此楼。

奉寄一览，表示我很赞成你们的工作。内容单浅，不宜书写张贴，浪费笔墨，简复。

敬礼。

刘大年

一九八四年四月一日

87 致马璧[①]

（1984 年 4 月 9 日）

马璧同志：

手示奉悉。得知贵体康复，并奋笔为文，且慰且敬。大作已转《团结报》。其中一篇，编辑同志谓定于最近一期发表，想必无误。望多加珍摄，切莫过劳。闻尊驾不日返京，俟晤面时再叙。谨复。即颂

近安

刘大年

一九八四年四月九日

88 致胡乔木

（1984 年 4 月 22 日）

乔木同志：

北京市文物局陈鼎文同志写给您的信，由他抄了一件给我，要求签注一点意见。

他们建议在宛平城修建一个适当规模的抗日战争纪念馆，我觉得完全有此必要。您去年十二月视察卢沟桥关于这个问题的讲话，我没有看到记录，

① 马璧，时任中国国民党革命委员会中央委员会委员，中国孙中山研究会理事。

自必阐述周详，高瞻远瞩。照我的认识，解放战争是中国一百一十年反帝反封建的总决战，它的胜利基础是由抗日战争所直接奠定的。在那以前，日本军国主义成了世界列强宰割、奴役中国的急先锋。打败日本侵略者，证明中国人民也可以打败所有帝国主义。抗日战争是中国人民大觉醒的表示。抗日战争的胜利，使我们的人民，我们的民族从长期受摧残、受压抑中第一次获得了精神大解放。因此，可以说，抗日战争是中国人民革命斗争传统的光辉篇章，是我们民族恢复自尊自豪、锻炼爱国主义思想感情的里程碑。过去、现在的经验，都证明建设两个文明必须一齐抓。革命精神、共产主义思想教育与四个现代化都是百年大计、千年大计。办好卢沟桥抗日战争纪念馆是一件具体的事，但却是一件关系振奋民族精神的带有关键性的事。对这方面的投资，是对我们事业长远精神力量的投资。它将和物质建设投资一样，造福子孙后代。现在不办，后人甚至会责备我们。我赞成陈鼎文同志的信里所提的具体建议，希望能够实现。

敬礼

刘大年

一九八四年四月二十二日

89　致井上清①

（1984 年 4 月）

赠老友井上清先生

一

云雷论学许相知，一帜堂堂独树之。

骨里人窥千尺铁，书中自理百团丝。

回顾讲座[一]推元老，屈指西京[二]数大师。

我待观君再踊跃，光辉顶上几驱驰。

---

① 井上清，时任日本京都大学名誉教授。

二

等身著作鬓双斑，与世清泉照胆肝。
党锢传中范孟博[三]，儒林史上汉任安[四]。
昆仑历后谈高下，沧海量来认窄宽。
一部马恩笑神会，寸心寰宇共波澜。

刘大年

一九八四年四月　北京

[一] 二十世纪三十年代，日本学术界关于日本资本主义的状况、性质有一场论战。一派称劳农派，一派在岩波书店出版日本资本主义问题讲座，称讲座派。井上清先生是讲座派的代表人物之一。

[二] 西京，即京都。

[三]《后汉书·党锢传》：范滂，字孟博，早年“慨然有澄清天下之志”。

[四]《后汉书·儒林传》：任安，字定祖，善《易》，兼通数经，品行高尚，时人称曰“居今行古任定祖”。

90　致熊培庚

（1984 年 6 月 15 日）

培庚同志：

六月四日函和楹联照片收到。

周昭怡先生大字①兰雅松劲，烦代为问候。前些天《湖南报》文艺部同志来信，谓那两行字颇引起一些观览者的兴趣，并要我写点文字，再解说一下。因为没有时间，尚未作复。

来函所说的稿子，不知何时寄出的，至今未见此件。按理不当遗失，但

①1984 年岳阳楼大修后，刘大年应邀为其题写楹联：“鲁肃兵轻范公文远万般气象观今日；滕王歌歇黄鹤踪杳十面湖山上此楼。”此联为湖南省书法家协会主席周昭怡书写。

也难说。如果你觉得需要，可以再寄一份，我转给《史学》，看编者的意见如何。

敬礼

刘大年

一九八四年六月十五日

91　致李侃、庞朴[①]

（1984年6月15日）

李侃、庞朴同志：

您们二位要写的文章，我一直挂在心上。如果限于最近几年的成绩不好写，范围宜于放宽。现在时间很紧了，是否可以找个地方躲起来，突击一下，以便速奏厥功。事关代表团[②]工作成败，应采取断然措施。如何之处，烦商酌决定。希望不久能拜读大作。

敬礼

刘大年

一九八四年六月十五日

92　致萧恩元

（1984年6月17日）

恩元同志：

二月间来函，今天才作复，非常对不起，尚祈原谅。主要是拿不出稿子给你们指正，光讲空话无益。现在还是没有东西。最近北京举行爱国主义历史读物授奖，《光明日报》将发表一版文章。我在会上有个发言，现改成一

① 李侃，时任中国史学会第三届理事会秘书长，中华书局总编辑。庞朴，时任《历史研究》主编。李、庞均为出席第十六届国际历史科学大会的中国历史学家代表团成员。

② 指出席第十六届国际历史科学大会的中国历史学家代表团。

短稿[①]，寄去看是否可作补白之用。有违雅意，至感约稿盛情。
敬礼

刘大年
一九八四年六月十七日

93 致腾雷

（1984年6月24日）

腾雷同志：

您好。

前些天打电话，适逢休假外出。

人民大学的前身北方大学有个学生名金峰，一九四八年九月，在北方大学与华北联大合并为华北大学时毕业。最初分在近代史所工作，后来调往兰州科学院一个研究所。他毕业时，正值华北大学创办之初，只有个鉴定，再无其他手续。现在要文凭，才能涨工资，希望人民大学能出个证明文件。这样的同志也是老干部了，我对他提出的问题不好置之不理。专此函请帮助。如何为宜，望决定后示复。金同志来函一并陈上。
敬礼。

刘大年
1984年6月24日

94 致张书生[②]

（1984年6月24日）

书生同志：

二月间来函及大作，当时看过，转眼又找不着了。今天清理案头积件，

---

① 指刘大年著《方向与形式》，载《天津社会科学》1984年第4期。

② 张书生，时为中国社会科学院历史研究所翻译室工作人员。

才重新发现。迟久未复，原因在此。

你多年从事翻译，介绍国外历史学情况，可谓成绩斐然。我自己首先从中获益不少，应当十分感谢。

诗中精神状态高尚，意兴娱悦，偶见牢骚，无伤大雅。可惜对于诗，我只是一个爱好者，无评论，就说不出所以然了。

外出开会，马上出发，临行匆匆，权当面叙。

敬礼。

刘大年

1984 年 6 月 24 日

95 尚传道[①]来函及复函

（1984 年 7 月 25 日、8 月 12 日）

一

大年同志：

您好！

民革中央孙中山研究学会成立大会上，得聆宏论，敬仰殊深。

成立大会后，经分组研商组织简则和研究计划，我被推起草研究计划。民革成员研究孙中山的思想学说，有其便利之一面；但困难更多，如理事会成员多已年逾古稀，精力有限；民革中央过去在这方面毫无基础，资料缺乏，需要从头做起；与史学界以往联系很少，对已有研究成果缺少了解等等。因而受命之后，颇感无从着笔。

兹特专函奉恳，敬希赐予指导。请将您及贵所同仁诸先进的研究情况、计划及已有成果等，提示概要，如有现成印件，并序惠寄。在你们的启迪和帮助下，我们才能拟出一个切实可行而又不重复的初步计划。专请

暑安！

尚传道

1984 年 7 月 25 日

---

① 尚传道，时任中国国民党革命委员会中央监察委员会常委，北京市政协委员。

二

传道同志：

手示奉悉，迟复为歉。

关于孙中山的研究，长时间是分散进行，缺少统一规划。你们抓一下这项工作很需要。我们已定于明年三月间在北京举行一次学术会议，题目叫《孙中山研究述评》。目的是搜集资料，了解情况。你们那里届时当会收到通知。社会科学院近代史研究所王玉璞同志是科研处负责人，我已经告诉他，有事请同他联系。作计划，出好题不容易，组织计划的实现更不容易。希望我们彼此密切协作，在这项工作中确实做出一些成绩。

敬礼

刘大年

一九八四年八月十二日

96　王国炳来函及复函

（1984年7月26日、8月15日）

一

敬爱的刘大年所长：

我叫王国炳，是安徽省临泉二中的历史教师，解放前夕上海大夏大学毕业，1949年7月参加革命。三十多年来一直在中学教语文、历史，五十年代后期，曾在省级以上刊物发表过五篇有关历史教学的文章，1959年以后因受极左路线的影响而搁笔。十一届三中全会之后，落实了党对知识分子的政策，我从农村回到了城里，又被安排为临泉县政协第一、二届常委。为了把我的余热贡献给四化建设，我愿在业余时间搞点科研工作。

我县地处豫皖边境，自民国以来匪患特别严重。拉大杆者民国初年有白朗，十一年有老洋人，十五六年有李老末、老王太、老德正，二十一年有赵洪善。这些人拉杆的规模都在万人以上，他们大多数是河南人，只有赵洪善是我县人；他们活动的范围西至陕西、甘肃，南到湖北，东到安徽、山东；自白朗到赵洪善前后约二十年。怎样看待这些大规模的农民运动呢？除白朗外，皆按传统看法呼之为“匪”。所有新民主主义革命史都未提及此事，我愿对这个问题作一些调查研究，填补这个历史空白。我打算趁很多知情人还在，进行广泛的调查，还准备查阅一些有关资料，但我又感到我一个人的力量有限，又缺乏搞科研的经验，故特向您求援，恳请您在百忙中给予指教。如果您确实抽不出时间写回信，请您安排其他同志代劳，我也非常感激。此致
敬礼

临泉二中　王国炳

一九八四年七月二十六日

二

王国炳同志：

大函奉悉。对于您打算做的调查工作，我很赞成。旧中国的匪患是半殖民地半封建社会一种复杂的社会现象。匪与军阀的社会基础本来不同，但它们并非不可相通。土匪最初只抱经济目的，势力一旦膨胀，便可以有政治野心。小则为匪，大则为阀。其中当然有大量破产农民，但他们总为生活所迫，被迫卷入，缺少反压迫斗争的意义。他们之中，自然又是可以发生分化的。所以要把事情看得复杂一点。

社会历史调查工作，最要重视的是客观可靠性，并有文字可资考订。道听途说，以讹传讹，殊不足取。人力问题，与本地区有关单位协作，最为上策。简复。
敬礼

刘大年

一九八四年八月十五日

97　致熊培庚

（1984 年 8 月 15 日）

培庚同志：

《岳阳地区文物志》已经见到，也粗略翻阅过。这个工作是值得做的。我不了解具体情况，如果有条件的话，不妨进一步考虑编辑当地人物志。内

容主要介绍学术文化，同时也把有关的著作、文集搜集起来，备保藏展览之用。乡邦文献，古人所重。我们不是用旧的观点看待这件事，对于一个地区的文化发展建设，远不失为一种推进途径。

《安楚堂诗抄》托人查了几个图书馆，均未见到。北图、北大两处尚未答复。只要已经刊刻，大概迟早会找到的。每个人的时代、条件、环境不同，所谓“闻达”与否或高低，也必然不一样。我们所要奋力争取的，是要对人民的实际贡献上超过前人，而不是在其他。一切要看得远一些。我们从事的社会主义每项事业，坚持下去必有成绩。

岳阳楼起源一稿，一个多星期前我电话《史学》负责同志关心一下。他说不曾见到，答应愿意找来看看。今天回电话说，已经由别人经手退回，他无法改变了。如果你愿意，可以再寄给我，转往《历史教学》，看那里同志的意见如何。或者你给林增平同志写封信，说我知道此事，请他转给《探索》也可以。

敬礼

刘大年

一九八四年八月十五日

98　致周济

（1984年8月18日）

周济同志：

手书奉悉，简复如下：

（一）我因事外出，长期不在北京，万勿枉驾。

（二）品题尊作，实无能为力。原因业经陈明，请恕方命。

（三）申请加入孙中山研究会的资料已转民革中央有关同志，大概不至有何窒碍，可放心。祝

诸事顺适。敬礼。

刘大年

1984年8月18日

99 致蔡栋

（1984 年 9 月 16 日）

蔡栋同志：

稿件奉还，没有话要说。我完全赞成争鸣，不过我还不准备参加。对本无奥义的这两行字，再作任何解释都未免多余了。

敬礼。

刘大年

1984 年 9 月 16 日

100 致华容县委

（1984 年 10 月 10 日）

坤山同志、县委各位同志：

今年七月到家乡参观，一派欣欣向荣景象，同志们的工作成就显著，至感至慰。

金窝大队生产单一，资金积累甚少。连年筹划办电，至今没有办成。那里成了附近地区惟一不通电的大队，群众生产、生活受到不利影响。最近大队有人至北京，谈起此事，希望县里能给点支援或贷款，促成他们解决这个问题，不知有无可能？你们自然是很关心的，群众的心情我们也可以理解。

听说秋来山区受旱不轻，这大概又要给你们增加一些新的工作。

敬礼

刘大年

一九八四年十月十日

101　致石如[1]

（1984 年 10 月 30 日）

石如学长台鉴：

大函拜悉。

对于陋作小联[2]，我自己没有什么要解释的。我国古代大作家也有些作品长期存在争论。凡站得住的，就流传下来了，站不住的就淘汰了。何况小作，本不足以语此。前人说，“作者何必然，读者何必不然”。人们可以认为，反过来说也是一样。不过既然承认读者的“何必不然”，其他的话也就成为蛇足了。

尊作璧还。国专同学久无联系，统此致候，并祝文境佳胜。

敬礼

刘大年

一九八四年十月卅日

102　致胡绳[3]

（1984 年 10 月 30 日）

胡绳同志：

我今天出发，去武汉参加一个学术讨论会。孙中山纪念馆的事，只有回来再谈了。

送去一篇稿子，请予指教。全文太长，可着重看看 6 页以前，22 页以后。有问题的地方，希望在稿子上随手批答，就便退还。至谢。

敬礼。

刘大年

1984 年 10 月 30 日

---

① 石如，刘大年在湖南国学专修学校的同学。

② 指 1984 年岳阳楼大修后，刘大年为其题写的楹联。

③ 胡绳，时任中共中央党史研究室主任，中国孙中山研究会会长。

103　许明龙[1]来函及复函

（1984年10月31日、11月12日）

一

刘老：

我到达巴黎已逾一月，因忙于安顿生活，联系学习，未能及早解决大作[2]中在北京未曾彻底解决的问题。这几天我先后跑了几个大图书馆，基本上解决了这些遗留的问题，现做成卡片奉上，请查阅。有几个问题需另作说明：

一、卡片上的铅笔号码是您的原稿中注释的号码，现仍抄上，便于您查对。

二、对此次奉上的五条补充说明如下：（2）此条系从英文译出，据我看，中译文不十分妥帖，最好请英文好的同志再核对一下。为便于理解，我将原文抄录在卡片背面，而且多抄了几句，以便能从上文正确理解下文。（16）这条的中译文我略加修改，是否妥当，请您斟酌。（25）这条问题很大，您的引文不见于原文。据我估计，可能是原引者对作者所表述的思想作的一个概括。为便于您了解原文，我抄下了一大段，而且译成中文，请您参阅。（此条共有五张卡片）（27）这条没有问题，只是引文删去了原文的主词"我们关于科学综合的想法"。

菲雷的这段话未能查到。原因是他不曾写过《哲学和历史唯物主义》这样一本书。据我估计，这本书是苏联学者汇编的一个集子，其中收有菲雷的某篇文章或某本著作的节选，而书名则是苏联编者添上的。被引用的这段菲雷的话在该书（俄文版）的第259页。所以从菲雷的著作法文版中难以找到这段话，除非知道苏联学者选的或节的是哪篇文章或哪本书。关系引语问题，到此结束。

我到巴黎后，立即拜访了阿维勒夫人，向她转达了中国史学会邀请国际

---

① 许明龙，时任中国社会科学院世界历史研究所副研究员。

② 指刘大年的论文《论历史研究的对象》，载《第十六届国际历史科学大会中国学者论文集》，中华书局1984年版。

史学会于1987年到北京举行执行局会议的意见。夫人很感兴趣，当即让秘书作了笔录。我离京之前，外事局[①]卢晓衡同志告诉我，邀请信已由夏鼐[②]同志面交夫人。但当我问及此事时，夫人答称未收到任何正式邀请信，夏老来巴黎未曾向她提及此事。我当即写信告诉卢晓衡同志，但未曾回信。所以我再向您禀报。

有关明年斯图加特大会[③]一事，如有需要我办的事，即请告知。我在巴黎大学听课，求见夫人是很方便的。

卡片重量很大，恐邮局有失，敬请收悉后回信告知，以免悬念。即颂
秋安

许明龙

1984年10月31日于巴黎

二

明龙同志：

十月卅一日来函及资料卡片一并收悉，请释远念。你学习、工作繁忙，还挤出时间跑图书馆，查资料，帮助有加，实在太感谢了。拙稿英文摘要译就寄出时，当去信奉告。

关于邀请国际历史学会执行局于一九八七年在中国举行会议的事，十月间阿维勒夫人来信，她已收到我方邀请书，并转发执行局成员。作出决定以后，想必有正式答复。明年我参加斯图加特大会的，又增加三位军队的学者。这样，我们的人力就又加强了些。

祝凡事顺遂，胜利完成学习、工作任务。
敬礼

刘大年

一九八四年十一月十二日

---

① 指中国社会科学院外事局。

② 夏鼐，时任中国社会科学院副院长兼考古研究所名誉所长。

③ 指1985年8月25日至9月1日在联邦德国斯图加特市召开的第十六届国际历史科学大会。

一九八五年

104　致彭真[1]及复函

（1985年2月2日、7日）

一

彭真同志：

我们有件事想向您当面汇报，并听取指示。事情是这样，去年，经中央书记处批准，成立了孙中山研究学会。学会理事会关于“在北京建立孙中山纪念馆、筹设孙中山研究基金和筹备孙中山诞辰120周年纪念活动”等项工作，也获得了中央的同意。在过去八九个月中，我们首先就建立孙中山纪念馆问题进行了一些活动。现在草拟了两个文件，送上请翻阅。春节以前不知您能否安排一点时间同我们见一次面？静候复示。此致

敬礼

朱学范[2]

梅　益

刘大年

一九八五年二月二日

二

学范、梅益、大年同志：

二月二日来信及附件均收阅。春节前我在外地，谈话时间待回京后再约。专此并祝

---

① 彭真，时任全国人大常委会委员长。

② 朱学范，时任全国人大常委会副委员长。

健康

彭真

二月七日

105　致安藤彦太郎等
（1985年2月16日）

安藤彦太郎先生、阳子先生：

寒冬已过，百花待芳。您们全家好。

前些时寄上的孙中山研究述评国际学术讨论会[①]邀请书，谅已达安藤先生左右。出席这次讨论会的日本学者，除前信奉告的诸位外，野泽丰[②]教授也将与会。国内外学者的文章大部分已寄来北京。大作也希望能早日赐下，以快先睹。

听说阳子先生认识一位叫朱帆的中国留日学生，并热情给以照顾。朱帆的父亲与我是湖南同乡，参加革命队伍以前我们就深有交谊，现在一如既往。朱帆同学我没有见过，据说老实单纯。年轻人在一个陌生的环境中生活、学习，会有不少困难，可想而知。请阳子先生不时加以关照、指点。他能够因此学业有成，也是中日友好一番佳话。我并代表他父母，向您们伉俪谨致诚挚感谢。专此，即颂

合府安泰。

刘大年

1985年2月16日

---

① 指1985年3月21日至28日在河北涿县召开的孙中山研究述评国际学术讨论会。

② 野泽丰，时任日本东京都立大学教授。

106　致王建辉[①]

（1985 年 2 月 19 日）

王建辉同志：

热情洋溢的来函，使我踌躇再三。想对信上提出的要求说点什么，但又实在没有什么可说。空话连篇，浪费别人，也浪费自己的时间，实无可取。写这两行，表示歉意。祝你成功，有志竟成。

敬礼。

刘大年

1985 年旧历除夕

107　致熊培庚

（1985 年 2 月 19 日）

培庚同志：

元月十二日信收到。三月下旬开人代会，您想去省人大工作，那时我可以向有关同志说一说。不过长沙情况，我几乎毫无所知，现事情太多无法预计。可尽快寄个简历来，年龄、学历不可遗漏。最好一式两份，可以不限于一个途径进行。

岳阳楼大修办公室来函物色人写“碑廊”二字。我推荐北京著名书家、最近刚去日本举办书展的刘炳森同志书写。隶书，比较新颖。待商量妥当以后即去信奉闻。以上请转告。

敬礼。

刘大年

1985 年旧历除夕

---

① 王建辉，时任湖北人民出版社编辑。

108　致梅益

（1985年2月25日）

梅益同志：

近代史所丁名楠同志要求解决房子问题的信，奉上请阅。我去过他家里，房子确实拥挤困难，近来又有个各方面都争气，有出息的儿子不幸得了癌症，住在一间临近厕所、下有阴沟的小屋子里，辗转呻吟，其情可怜。丁在近代史所要算学问扎实，有所贡献的。他本人还有一段外人不了解的为党工作的经历。社会科学院盖了一些房子，僧多粥少，人所共知。不过像丁名楠同志这种情形，在排队中优先一些，是合理的。不知能否想出办法，哪怕临时解决一下也好。

敬礼

刘大年

一九八五年二月廿五日

109　孙祚民[①]来函及复函

（1985年4月29日、7月2日、7月14日）

一

大年同志：

您好。

我于二十五日听取了梅益同志对山东社科院工作的有关指示后，又顺便办了些公私琐务，已经克期返济，请释钧念。

此次赴日访问，因系初次出国，一切陌生，承蒙多方关注，始得顺利完成任务。对您的热情奖掖，不胜感激，谨致以深切的谢意。

结合脉证，经过认真斟酌，拟出药方一纸，随函附上，请试服观察。疗效如何？希随时示知，以便决定是否可以停药，或考虑更方继续服用。专此，

① 孙祚民，时任山东社会科学院历史研究所副研究员。

顺祝愉快。

孙祚民

4月29日

久保田[①]先生处，已专函致谢，顺此奉闻，又及。

二

祚民同志：

来函及惠方收到已经月余，多谢多谢。

照处方先后服用两次，每次六剂，但迄无变化。舌黄，口苦，便结。西医检查照相，未见异常。体劣病顽，药石不足以为功，亦是自然现象，听之任之。偶阅《卷盦书跋》中载《舌监辨正》一书，谓以舌诊病，立竿见影，为医家不可不读之书，不知见到过没有？前人经验，或有可资借鉴之处。

何时来京，请打个电话，再作面叙。专复，

敬礼。

刘大年

1985年7月2日

三

大年同志：

您好！

上月末因舍戚染疾，去青岛诊视，返济后才见到钧札，迟复为歉，敬希谅解。

根据在日时的“回诊”判断，贵恙为津亏肠燥，治以养阴补液健胃无疑义。服药十二剂迄无变化，原因可能有二：一，剂量过轻，不适病症之需。二，病程较久，难奏竿影之效。据此，仍以原方向为基础进行增减（处方另附）。其中，首先是重用玄参、麦冬、生地三药。这是清代名医吴鞠通拟定的名方“增液汤”。他把这类秘结之证，形象地喻为“无水舟停”。增其津液，俾水涨舟行。特点是寓泻于补，以补（阴）治闭，属中医“变法”中的“反治”。此方虽以治温热后的燥结为主，但对其他津亏引起的便秘效果亦佳。其次是加进了一部分生鲜药品。这类药品，虽然同干品基本上具有同样

---

① 久保田，即久保田文次，时任日本女子大学教授。

作用，但更有利于调动消化系统的功能，恢复其勃勃的生机，加强治疗效果。可再分两次试服十二剂，进行观察。一般说，陈旧性慢性疾患疗程较长，须有耐心。但只要药证相符，还是会逐渐奏效的。对此，也应有充分的放心。药结有何变化（包括最细微的变化），仍希及时函示，以便根据需要，调整处方，早点用药。盼常联系，不吝教正。此复，

顺祝暑祺。

孙祚民

1985年7月14日

110 藤井昇三[①]来函及复函

（1985年5月11日、6月4日）

一

刘大年先生：

前些时候来日访问，有幸听到您的深受启发的谈话，实在感谢。我想您回国后生活一定很愉快吧。

以前同您说好的“1935年3月12日在东京举行的孙中山逝世十周年纪念会及晚餐会”的电视片，已经制作好了，特送给您。如果有点用的话，甚为荣幸。

制作录像片的费用，是江田和雄先生负担的。这是作为我和江田和雄先生送给您的礼物。这个《孙中山逝世十周年纪念会》的录像片，作为日中关系的资料，如果对刘先生等各位中国先生，以及中国社会科学院近代史研究所有一些用处的话，将是非常的高兴。衷心祝愿先生更加健康和工作顺利。

藤井昇三

一九八五年五月十一日

又：

1. 江田先生是曹洞宗林泉寺的寺主，又是日本影像出版株式会社的社长。江田先生是滔天会第二次访华团成员。1980年11月与我一块拜访过刘先生。

---

① 藤井昇三，时任日本电气通信大学教授。

2. 随信寄上1935年3月13日的《东京朝日新闻》与《时事新报》刊载的有关孙中山逝世十周年纪念会及晚餐会的报道的复印件，请收阅。

二

藤井昇三先生：

五月十一日惠书奉读。不久前我和我的同事们在贵国进行了愉快、成功的访问。承蒙关照，至为铭感。

您和江田和雄先生馈赠的珍贵礼物——日本纪念孙中山逝世10周年录像片，为我们研究孙中山和那一时期的中日关系提供了极好的形象材料。谨致谢忱。我已另函江田先生致谢意。

明年是孙中山先生诞辰120周年，我们正在筹划举办学术讨论会的事情，一俟计划确定，当即奉告。

专此敬颂

教祺

刘大年

一九八五年六月四日

三

江田和雄先生大鉴：

在今年樱花盛开的季节，我们访问贵国，与老友新朋愉快聚首，切磋学术，增进友谊，深以为快。但未能同先生会晤，则是一憾事。

日前接藤井昇三先生惠书，并收到您二位馈赠的珍贵礼物——日本纪念孙中山先生逝世10周年录像片。这份厚礼为中国史学界研究孙中山和那一时期的中日关系提供了形象资料，必将受到热诚的欢迎，谨致衷心谢意。日中文化交流的工作需要大家继续努力，希望有机会同你在北京见面。

专此敬祝

夏安

刘大年

一九八五年六月四日

111　致赵令扬[1]

（1985 年 5 月 20 日）

令扬先生：

从邀请信得知，你们定于今年 12 月举办明清史学术讨论会，庆祝贵校七十五周年校庆，预祝成功。我受到盛情邀请，至为感谢。现决定与会，向同行们学习、请教。目前我担任中国史学会执行主席，届时如有需要，当可代表史学会在会上简致祝词。论文题目待确定后再行奉闻。此复，即颂

大祺

刘大年

一九八五年五月廿日

112　致江夏

（1985 年 7 月 2 日）

江夏先生大鉴：

惠函和照片均收讫，至谢至谢。在东京承引导参观，并盛情款待，一直铭感在怀。下次倘至东京，必造府拜访，面叙友情。前次说到尊驾不久将来北京访问，不知何时成行？到达后务请通知一声，或由贵同乡林华雄先生找我，亦正便利。祝筹运如意，事业发展，更上一层楼。谨复，即候

夏安。

刘大年

1985 年 7 月 2 日

① 赵令扬，时任香港大学教授。

113 致某报编辑

（1985年8月9日）

编辑同志：

七月中旬这个稿子曾挂号寄往理论部，不知何以失落。它的中心是讲抗日战争胜利四十周年，尚合时令，或者可供选择。

上次寄去稿子时附有一信，大意是说：第十六届国际历史科学大会今年八月在西德举行，颇具规模。苏联、东欧等早有报导、宣传。我们的报纸似乎也可以反映一下，以示开放。如需要资料，可与世界历史所副所长张椿年同志联系。现在时间紧了些，抓一下，也还来得及。

刘大年

8月9日

114 致胡绳[①]

（1985年8月10日）

胡绳同志：

范作申（范文澜同志孙女）同志的信转去，请赐阅。最好您能说句话，使信上提到的两本书能够及时印出来。

日本舆论界关于日本侵略中国，目前左、右两种态度，两种观点，斗争相当激烈。最近应历史所邀请来访的广岛大学教授杨启樵（台湾出生），在社会科学院一次座谈会上发言，说中国到处都是小报、刊物，多达几千种，内容什么都有，就是没有刊载日本舆论界上述状况的文稿，令人无法理解。台湾这方面的报导也少，但比大陆多些。相反，倒是日本的左派揭露日本侵略军屠杀残害中国人民的种种暴行，谴责侵略者，大义凛然，替中国人讲话，等等。我觉得杨教授的讲话很能代表一种看法，建议责成主持前述座谈会的同志整出准确材料，向上面主管部门反映。

① 胡绳，时任中国社会科学院院长。

敬礼

刘大年

一九八五年八月十日

115　致张孝骞[1]及复函

（1985年9月19日、10月18日）

一

孝老有道：

出院后当一切康泰。俚句一首，词未工而意尚切，呈览倘博一粲，小助著述余兴，即甚幸焉。顺颂

大安不一

刘大年

一九八五年九月十九日

协和住院谨赠张孝骞老大夫

1985年9月16日

张孝老八十八岁，两星期前动肺部手术，三天后即下地行走，步履轻捷，不减昔时。谈论豁达乐观，境界高尚，令人为之神旺。老槐新绿，医院庭中景色如是，书此致祝。

昨日采薪高枕眠，九旬惊是地行仙。
半生屡订岐黄传，每帖精勘扁鹊篇。
名相名医同只手，爱人爱国重双肩。
秋前谁说龙槐老，古干添枝绿盎然。

（采薪之忧，见《孟子》。不为名相，当为名医，同是救人。记忆

---

① 张孝骞，时任中国科学院学部委员，北京协和医学院教授。

中此为范仲淹语，但不见《宋史》本传，待查。后补：查明确是范语，载《四章全书》，宋人编。）

二

大年先生赐鉴：

医院识荆[①]，得慰生平，不胜荣幸。承宠赐佳篇，敦勉备至，尤深铭感。出院后已逐渐恢复常态，不久可望返院工作。专此谨致谢忱。敬叩

撰安

张孝骞　拜上

一九八五年十月十八日

116　胡海燕来函及复函

（1985年12月5日、30日）

一

刘先生：

您好！

回国后您身体好吗？斯图加特与您在一起[②]处得非常愉快。以后回国后我一定去拜访您。

这里寄给您五张照相留念，两张是在特里尔的，三张是斯图加特，分装在两个信封里。如收到，请告季先生[③]一下，以免我担心。

您的五十个大马克还在我这里。如需要什么药请随时来信。

---

① 刘大年在《古槐——我印象中的张孝骞大夫》一文中写道："打倒'四人帮'以后的1977年春节，中央机关在北京饭店举行联欢会，叶帅主持。我和张老坐在一个桌子旁，谈起'文化大革命'中去他家求诊的事。同席的林巧稚大夫赶快说：'医生是只认人的身体内部，不认人的面孔的。'确实是这样。张老在见到前面那首诗以后给我信上，有'医院识荆，得慰生平'的话，不管处在怎样的情况下，从容而平静舒畅，认病不认人，这里面不止有一位临床医生的职业道德，显然有更丰富的东西。"（载《光明日报》1987年9月5日）

② 指刘大年1985年8月25日至9月1日率领中国历史学家代表团出席在联邦德国斯图加特市举行的第十六届国际历史科学大会。

③ 季先生，指季羡林，时任北京大学教授，亦随团参加第十六届国际历史科学大会。

祝您身体健康，新年愉快！

胡海燕

1985年12月5日 哥廷根

二

海燕同志：

来信、照片均收讫，至为感谢。对于斯图加特愉快相处，并蒙受助益的日子，不免常常有念于怀。我回国以后很快做了前列腺切除手术，药物也就不需要了。“五十大马克”请勿再提起，那算得了什么？万一你觉得为难，装个信封寄来也罢。实在麻烦博士同志了，很抱歉。上次去特里尔车上写的几行字，有的同志看了，谬加称许，说格律整齐，寓意明确，也有形象云云。逢此不虞之誉，所以毛笔书写一纸寄去。千里送鹅毛，或者比鹅毛还不值。仍是法兰克福临别时的那句话：希望你绰绰上云端，载誉学成归来，不久北京当能再见。祝百事顺适，与新春一同蓬勃奋进。

敬礼

刘大年

1985年12月30日

117 致叶籁士①

（1985年12月13日）

籁士同志：

来示奉悉，简复如下：

一、田中奏折真伪，在国内外学术界迄今是一个争论问题。日本早有“伪造”说，或后有“新伪造”说。前几年，中国刊物上也有个别作者袭用日本人说法的。中国近来有文章反驳“伪造”说，肯定田折为真。美国研究者一般同意日本观点。台湾地区学者持田折是真观点。

二、详细了解这个问题，可查看《近代史研究》一九八一年第一期沈予《日本东方会议和田中义一内阁对华政策——评田中奏折伪造说》，作者肯定

① 叶籁士，曾任中国文字改革委员会秘书长。

田折是真的，列举有种种证据和理由，时间地点具体，过程生动。问题争论的经过从其中也可以知道个大概。

三、沈文中讲到的两个关键人物。一为蔡智堪，后回台湾，据说蒋介石曾给过他一笔钱。一为王家桢，张学良易帜后任南京外交部次长，解放后为全国政协委员，好像今年刚谢世。王留有文字记录，但据说回避了某些问题，没有作过研究，所闻如此，但不妨作为查考线索之用。

刘大年

一九八五年十二月十三日

118　致李侃、戴逸及复函①

（1985 年 12 月 16 日、19 日）

一

李侃同志转戴逸同志、史学会主席团各位同志：

史学会的工作从现在起，请准予请假。主要原因是我想集中一点时间，把已经出过三册、还剩下两册的《近代史稿》尽快作个了结。明年孙中山学术讨论会，一些具体工作不能都推到胡绳同志那里去，我还需要花些时间。史学会的工作有各位同志参加，我请假也毫无妨碍。

本届理事会明年四月就到期了，至少有两项工作亟待处理：一、提交国外的三十位中国历史学家的名单，是重要学术评价问题，应认真讨论。现有稿件从传《春秋》，生卒年都不知道的左丘明开始，却没有作《春秋》的孔子，恐怕不妥当。对各篇稿子仔细讨论、斟酌一下，也有必要。草率从事了，

---

① 戴逸，时任中国史学会第三届理事会主席团成员，中国人民大学教授。李侃 1985 年 12 月 19 日在该信上的批语是："请戴逸同志阅后送甘泉、胡绳同志过目，吴于老处，是否抄复送阅，请戴逸、玉璞同志定夺。"甘泉，即林甘泉，时任中国史学会第三届理事会主席团成员，中国社会科学院历史研究所研究员、所长。吴于老，即吴于廑，时任中国史学会第三届理事会主席团成员，武汉大学教授、副校长。玉璞，即王玉璞，时任中国史学会副秘书长、中国社会科学院近代史研究所科研处处长。中国史学会第三届理事会主席团成员，中国社会科学院院长胡绳 1986 年 1 月 9 日在该信上的批语是："同意李侃同志的意见，关于换届问题，大年同志仍应参加讨论。"

国内国外都会引起争论，史学会难免其咎。二、明年的换届会需要有个方案，时间很紧了，现在就应着手准备。本届常务理事会至今没有举行过一次会议，就上述两项内容也要开一次常务理事会作出决定。其他还有些什么事，我没有多想。请戴逸同志、李侃同志同其他各位通盘考虑、裁定。贤者多劳，谢谢各位。请假望予照准。

敬礼。

刘大年

一九八五年十二月十六日

二

玉璞并戴逸、大年同志：

手示敬悉，展诵之后，有如下想法，提供酌裁。

信中所示各点，均当尽力办理。除十分必要，史学会日常事项，都可不来打扰，因此大年同志也不必“正式请假”。事实上有些重要的事情，还是要过问的。

关于提交国外的三十位中国历史家的名单和传记，我记得已删去左丘明，不过似乎未将孔子列入。现在想来，实觉不妥。可否把孔丘补上，至于去掉哪位也颇费周折。倘可通融，可否就向外国主持者商量，中国提供三十一位。开会讨论似也颇难。可否把已写的汉文稿复制发给各位常务理事，指定时间修改退还。当然，对名单也可以提出意见（好像已经征求过意见）。

明年的换届会，新年过后，即先由秘书处考虑一个初步意见，由戴、林、李、王等同您商量后，再找胡绳同志谈一次，同时请示定夺。

敬礼

李侃

一九八五年十二月十九日

一九八六年

119　致井上清

（1986年1月5日）

尊敬的井上清先生：

北京握别，瞬又三月有余。金冲及、王玉璞[①]诸君回国，得知贵体康泰，精神振奋，深以为慰。

近代史研究所副研究员尚明轩先生，研究孙中山与国民党左派，著有《孙中山传》《廖仲恺传》等书，参加主编《孙中山全集》《双清文集》等，各有成绩。近应霞山会邀请，前往东京、京都、神户等地讲学。至京都时，拟趋造拜谒，表仰望之诚，能否相见，请照尊处时间斟酌自便。他是晚辈后学，见面不必任何招待，量予指点赐教，即为幸甚。

贱疾经过手术，已经痊可，能照常工作，毋劳系念。手头还有几个题目在做，未必都能实现，总当尽力而为。去年九月去西德开会，曾隐忍病劳，专程至特里尔瞻仰马克思故居，颇有感触。尤其觉得应根据自己的信念……此只对老友言之，不足为外人道也。

大地春回，园中芳草将添新绿，生活、著述一切当新有展布，与春光蓬勃同进。专此即颂

大安

井上夫人同此奉候。

刘大年

一九八六年一月五日

---

① 金冲及，时任中国孙中山研究会秘书长。王玉璞，时任中国孙中山研究会副秘书长。1985年冬，中国孙中山研究会代表团应邀访问日本，金冲及任团长。

120　张蓬舟来函及复函

（1986年1月8日、2月1日）

大年先生惠鉴：

拙作《近五十年中国与日本（1932—1982）》一、二卷已经出书，本应亲呈就教，前以不悉尊址，嗣知先生住院疗疾，未敢奉扰，只得另邮呈览。尊恙愈可时，如能赐教一二，至所感盼！后出各卷，容再陆续奉上。专此致意，并颂

大安！

张蓬舟

一九八六年一月八日

二

蓬舟同志：

惠函和《近五十年中国与日本》一、二两卷先后奉到，至以为谢。高龄成《五十年》如此卷帙浩繁之业，壮怀不已，令人曷胜钦佩。王芸老[①]大著以后，得此续编，取便后学，足资美谈。一鼓作气，全书杀青，想必计日可待，为慰为颂。面卷奉复，即候

近安不一

刘大年

一九八六年二月一日

121　致庞春兰

（1986年1月11日）

春兰同志：

手书收悉，感谢你们来片贺年。

去年一年，我外出——住医院，再外出——再住医院，全年的大好光景，

① 王芸老，即王芸生。

就在这个公式中度过了。冬天做前列腺手术，去了一块病，现在马马虎虎能继续工作。去日本时，并没有忘记你希望找到可供翻译的日本文学作品的事。见过一次井上靖[①]，他在半病中，未能多叙。其他诸人只关心历史，问以此事，或答称不熟，或说不敢贸然介绍，也负译者。曾委托张国维给你送点有关的书，大概也没有下文。结局如此，我也就干脆不给你去信了。来信谓今后会比较“自由”，出去的可能性增多。这几天我先后见到两位东邻客人，特地询问有何机会、办法。他们回称可以打听，但显然都是不承担任何义务的。井上清先生近来在一所私立大学教书，周围境况比以前好些。他正劲头十足，筹备明年在日本举行七七抗日战争50周年学术讨论会，然后解散京都日中学术恳谈会组织。如果你觉得可以，无妨写信向他问问门路。马上不能落实，留心一下，从长计议也可以。洛阳姹紫嫣红，过去现在一直为人们所称道宣传。我不知是否终于有时间去一睹为快，并在那里见到你们一叙。

祝万事顺适，并颂双安。

刘大年

1986年1月11日

122　致李侃[②]

（1986年1月28日）

李侃同志：

年鉴稿[③]今天见到。撮取我在闭幕会上的讲话，插入稿子倒数第四行前面。见另纸。这样可以增加一点代表的活动，同时也表示出我们此行的旨趣，避免给人一种零散的感觉。署名以用“本刊编辑部”最为适宜，名实相符，无任何不妥。一切请裁定。照片只有一张，是最近胡海燕博士从德国寄来的。

---

① 井上靖，日本作家、诗人和社会活动家。

② 李侃，时任中国史学会第三届理事会秘书长，《中国历史学年鉴》主编，为出席第十六届国际历史科学大会中国历史学家代表团成员。

③ 年鉴稿，指1986年《中国历史学年鉴》在关于中国历史学家代表团参加第十六届国际历史科学大会的报道中，刊发的刘大年应邀在大会闭幕式上的讲话节录。

没有底片，用后烦赐还。

敬礼

刘大年

一月廿八日

123　姜国芬来函及复函

（1986年1月30日、2月13日、2月24日、3月4日）

一

大年老同志：

您好！您已出院否？您手术后是否贵体完全复原？深以为念。

您在1985年9月10日复信，和1985年11月4日办公室复信，均已收到。您在病中本不敢多相烦扰。但由于家姊国仁[①]纪念册最近准备付印了，我从她1947、1948、1949年的日记中（现摘抄1949年3月日记几段寄上），看到她和您在北方大学、华北大学时较接近，同一个党小组过组织生活，是较了解她的，所以还是希望您能赐予简短的文字，以光篇幅为感。专此并致

敬礼！

姜国芬　谨上

一九八六年一月三十日

1978年家姊82岁，我曾陪她到东厂胡同看望过您，您还约集她工作时的熟人和她见了面。可能你还记得。国芬又及。

摘抄家姊国仁1949年3月几段日记：

三月四日　初五　晴　星期五

清早看大年，据说吐血仍未止。据他自己说："以前没有过这样不止血的情况。"我向舒天巩、王可风提出注意，并要他们向组织建议，调师力坤来看护几天。

---

① 国仁，即姜国仁，曾任华北大学历史研究室研究员。

三月五日　初六　晴　星期六

大年病仍未有起色，吐血未止，且有烧寒，医生每天打氧化钙止血，其余没什么治疗。

三月十一日　星期五　晴

刘大年昨天要我替他捎一个信给中央防疫处李治中，并把他的痰送去化验，我照办了。但李夫妇不在家，医生接着我给李的信，把痰收着答应化验。今日着小鬼去接取化验的结果。来信说：痰内结核杆菌不少。我们怕把信给大年看，但是大年催着要看。后来师力坤和王可风商量把信誊写一遍，把结核杆菌不少，改为有结核菌，但不多。然后给他看。后来师力坤说：大年仔细研究那信，没疑惑是假的。我几次对力坤和可风说：病人骗一下是应该，但是我们应加紧营救他，应向组织上建议，看如何治疗和加紧营养。

三月十七日　星期日　晴

清晨起来就准备行李，据周耀眉说，她得到的消息是下午走。吃过早饭后我还到各处拉谈，想去告诉大年，走到后花园门口，想起昨天黄昏时师力坤述大年的话："……这样发烧，活不了了！会像纪志翘似的死去啊！"一阵酸痛，马上掉泪了，心想看到他的时候，一定忍不住地哭出来，因此忍痛地打转，不去看他了。

十一点多的时候，忽然说车来了，很快地把行李搬上车，就走了。

二

国芬同志：

您好。利用春节，急就一稿[①]。我必须说明，手中没有任何材料，所述国仁同志生平，只反映了我现在的记忆，恐怕很靠不住。诗集还有些印象，《四髯传》只是看到黎澍同志文集以后知道的。主要情节如果不符，稿子应坚决作废，切莫迁就，造成以讹传讹，诬罔逝者。个别事例不确，可以改动，但毋需多所增添。"修词立其诚"贵在实事求是。倘编者同志认为需要，可以送《湖南日报》蔡栋同志提提意见。此稿如果说了点什么，就是湖南人写

① 指刘大年《一位平凡中见伟大的女性——忆姜国仁》，载《湖南日报》1986年3月16日。

湖南的人和事，如此而已。春节前我已出院，多谢问讯。
敬礼

刘大年
一九八六年二月十三日

三

大年老同志：

您好！

惠书及纪念家姊国仁的文章，均已拜读，至为铭感！

昨天家姊国仁纪念册编委会开会，大家想以您写的这篇纪念文作序言。在您写的标题下，写：——《姜国仁同志纪念集》序。他们的建议，您是否同意，敬请复示。

前天我已去《湖南日报》会见了蔡栋同志，他非常尊敬您，马上拜读了这篇文章并复印了一份留他处。并说：准备在今年三八妇女节前后，在《湖南日报》上发表。只是文章稍长，报纸登载，对字数有所限制。他准备略有减少，但不影响全文。其他文中字句也不改动。大约字数能合乎他们报纸载文的标准就行了。

大作我已请张先力同志拜读了，他老是现在湖南党史特约写稿员，原北大毕业生，年已72岁，以前长期担任《工人日报》等编辑，现已离休。《宁乡人民革命史》《宁乡四髯合传》都是他主笔。他对湖南史实，调查比较清楚。您的文中有四处地方与历史事实稍有出入，他已作了更正，并已转告蔡栋同志。

现抄录于下：（一）第一页15行“长沙八路军办事处”应正名为“八路军驻湘通讯处”。（二）第一页最后一行“原来他就是当时中共湖南地下省委书记王凌波”，实际上，王凌波同志当时只是“八路军驻湘通讯处主任兼新四军驻湘办事处主任”，没有在省委兼职。1938年湖南地下党省委书记是高文华同志。（三）第三页第八行“是延安诗社的成员”，请改为延安“怀安诗社”的成员。（四）第三页第十一行《宁乡四髯传》，请改为《宁乡四髯合传》。《宁乡四髯合传》这本书，家里已无存书，长沙书店没有卖，已托人去宁乡买，买到时当寄您一本。

春寒尤栗，敬请珍重。并致

敬礼!

姜国芬 谨上

一九八六年二月二十四日

四

国芬同志:

二月廿四日来示奉悉。

一、拙文急就，是否作为序言，请编者同志自行裁定。

二、八路军驻长沙办事处不错。先名“通讯处”，后改“办事处”。党史资料征集委员会编《中共党史资料》第十二期高扬文同志回忆文章所述同此，当不致有误。其他不确处均烦照改。谢谢。

三、末尾赞语“岑岑”应为“峥峥”，前已函照，谅澄清览矣。

敬礼

刘大年

一九八六年三月四日

124 致熊培庚及复函

(1986年2月29日、6月26日)

一

培庚同志:

来信问《岳阳楼》可否出版的事，《文物》同志认为题目太窄，他们不好处理。昨天见湖南人民出版社总编辑朱正同志，特询以此事。他回答痛快：一、这类题材他们可以出；二、如果《岳阳楼》够上出版水平，愿意优先考虑。关键在于出版水平问题。从来函所附稿件看，我以为那样的内容必须全部删掉，否则妨害水平提高。“鲁肃兵轻……”两行字[1]很单薄，没有什么可以发挥的，对我个人更不值得介绍（其中尚有不确实处，可能是报纸上看来

---

① 指1984年岳阳楼大修后，刘大年为其题写的楹联：“鲁肃兵轻范公文远万般气象观今日；滕王歌歇黄鹤踪杳十面湖山上此楼。”

的），无论单篇或作为全书的一节，都不足以发表出去。看来全书还需要从更广泛的角度多加考虑，认真下一番工夫。朱正同志本人是研究鲁迅的，学有根底，有成绩。你的姓名通信地址已记在他的笔记本上。书写成，自己觉得有把握以后，再去信与他联系。祝你成功。

敬礼。

刘大年

1986年2月29日

二

大年先生：

您老近来可好？特函问候。

又有许久，没有写信了，十分想念老人家。

最近我在工作上有了少许变化。我被调到岳阳市博物馆，在这里主持工作。博物馆主要是搞点陈列，同样是做宣传工作。平常仍可挤点时间看书学习。目前岳阳博物馆条件太差，没有盖新房子。据说以后是要争取盖新房子的。我现在决心干博物馆事业，就这样干下去，不再有任何奢求了。随着年龄的增大，其他达不到的想法，都是不现实的，与人无益，不如足踏实地，虚心地做点学问，这样对己对民要实在得多。

上次接到您老的信后，我非常高兴，知道您老很关怀我。我很努力地按原计划完成了《岳阳天下楼》这本小册子的任务。您老在北京已与我向湖南人民出版社的朱正同志作了推荐。我冒昧地和他通信接了头，他人很诚恳。我将已完成的稿子托人捎给了他，他已接受了，并且答应审查。他当即将稿子送去青年读物编辑处先阅。时过两月，稿子已初步阅完。据出版社同志说，他们认为书稿较全面完整，答应采用，但尚未正式通知我，并且说估计需要很长时间。能够出本小书，对我来说，自然是个安慰，也是个鼓励，说明我还是在做点工作，也想做点工作。能出书，这完全是您老帮助的结果，若不是您老为我联系，要想出书是断然不可能的。不说出书，就是发表一篇文章也很难。我从内心里感谢您老对我的关心。

另外，我还要告诉您老的是：关于《十面湖山上此楼》一文，是记述您老对古楼岳阳楼的关切之情，并非单纯就联论联的问题。我考虑再三，并征求了市委宣传部有关领导的意见，决定还是收入我的小册子中。因为岳阳楼楹联，全系古人作品，今人楹联就只您老一副，当时我主持大修办的工作，没有同意滥刻别人的作品，下面文界议论纷纷，想来也是自然的事。我撰写了《十面湖山上此楼》的介绍文章，将它与周谷老、老舍、刘海粟老人雕刻画家的介绍文章放在一起。我想是完全不逊色的，自然也会给岳阳楼增加光泽。至于您老上次信中所提，我写内容系从报上摘抄，这一点是确实的。您说有许多讹错之处，由于我自己掌握材料不准，望您老修改，请秘书抄录后，寄给我或寄给朱正同志，以便恰当地报导和宣传。不知您老的意见如何？作为我们后人，这是衷心的希望，所撰楹联，几十年以后，就是珍贵文物，我们不能放弃对它的宣传。

另外要告诉您老人家的是：刘炳森先生的书法“碑廊”，已制成横匾，挂在碑廊门额。我现在又在着手撰写一本《岳阳楼名人墨迹》的册子，将把这些名人的手书都录上，生平事迹及书法特点亦录上，这对宣传岳阳楼及名人也会有好处。若您老不嫌弃，是否可请秘书，为我提供刘炳森先生这方面的资料。祝老人家文安。

晚辈　熊培庚　拜上

6月26日

125　张岂之等来函及复函①

（1986年4月6日、11日）

一

大年、吴泽同志：

你们好。

今年二月国家教委学位评议历史分组在西安开会，通过了一批博士导师和硕士专业点。史学界对评议工作甚为关注，有一些议论。总的反映是好的，但他们提出这次评议中有某些尚欠公平、合理的地方。当然，由于此次申请量很大，审议时间紧迫，要做得尽善尽美，是很困难的。

---

①张岂之，时任西北大学教授、校长，国务院学位委员会第二届学科评议组成员。刘大年、吴泽时任国务院学位委员会历史学科评议组召集人。

大家的议论中，较多提到了上海华东师大的陈旭麓[①]同志，此次，陈申请博士导师，未获通过。陈的学术水平较高，近年来科研成就突出，带出了一批优秀的研究生，成绩显著，在近代史学界较有声望。而且，他已 68 岁，下次再无申请的资格。史学界同志希望能予以补救，将陈旭麓的申请再提交国务院评议组复议。

我们感到大家的议论是有一定道理的。西安会议时，因时间仓促，有些问题未能仔细考虑和反复磋商。我们原参加会议的四个人都是搞中国近现代史专业的，对近代史和陈旭麓同志的情况有一定了解。鉴于史学界的议论，为了更加慎重地做好评议工作，建议最好将陈旭麓同志的申请提交复议。我们的建议是否可行，请你们考虑酌定。此致

敬礼!

张岂之、章开沅、魏宏运、戴逸[②]

1986 年 4 月 6 日

二

大年同志：

您好。

陈旭麓同志复议之事，经往返函商写了一封信，建议进行复议，由张、章、魏、戴四人署名。信是写给您和吴泽同志的，希望转交国务院学位办公室。

这一复议的程序是否妥善，请考虑。

专此即肃

撰祺。

戴逸

4 月 6 日

三

国务院学位委员会办公室负责同志：

---

① 陈旭麓，时任华东师范大学教授。

② 章开沅，时任华中师范大学教授、校长，国务院学位委员会第二届学科评议组成员。魏宏运，时任南开大学教授，国务院学位委员会第二届学科评议组成员。戴逸，时任中国人民大学教授，国务院学位委员会第二届学科评议组成员。

送上张岂之等四位评议组成员函一件，请分发历史学科组各同志，准备在第三次评议组会上讨论。谢谢。
敬礼

刘大年
一九八六年四月十一日

四

吴泽同志：

近好。

转去张岂之等四同志复印函一件，请阅察。原信已就近递送国务院学位委员会办公室负责同志，请办公室分发历史学科组成员，在下一次评议会上讨论。未悉尊见，我们会面时再商，如何？
敬礼

刘大年
一九八六年四月十一日

126 致蔡栋

（1986 年 4 月 28 日）

蔡栋同志：

二月底来信，最近才见到。承约为“故园情”撰稿，不能说不动情。无奈手头现在积压的事情成堆，对故园也唯有动情而已。日后稍有空闲，或者能写点什么，但这不能算预约，言而无信是不好的。简复如右。[①] 顺致
敬礼。

刘大年
1986 年 4 月 28 日

① 书信原稿是竖行书写的。

127 洪永珊来函及复函

（1986 年 4 月 28 日、5 月 23 日）

一

刘老先生：

现将整理的资料奉上，请您过目，恳请寄回，5 月底将送出版社发稿。

近来，花了许多时间拜读先生关于“对象”一文[①]，得到很多启发。

“著译录”已收录四千余份稿，史学方面有 400 余人。全稿约 150 万字。我们利用这个情报，对学生考研究生发挥了很大的作用，我班（八二届）今年考取 12 名，遍及全国各重点大学。江西落后，情报就更为重要，祈请先生支持。顺颂

大安。

江西大学历史系　洪永珊　上

4 月 28 日

二

洪永珊同志：

材料见到，未能遵嘱改正。我请求：

一、不必在你们的《译者录》里收进我的材料，因为东西少，意思不大。

二、倘若一定要列我个名字，来信说看过拙作《论对象》一文，那么，举出这个篇目，或者再概述一两句，也很简单明了。《论对象》全文载中华书局《第十六届国际历史科学大会中国学者论文集》。其他写上姓名、籍贯、年龄和现任近代史研究所名誉所长就齐全了。不必要的内容都罗列上，一者，讨人厌烦；再者，会把青年人弄得头昏脑涨，没有精力去探本求源，认真钻研马克思主义理论，联系实际，独立思考，研究问题。后面这一点，十分值得重视。

我赞成你们的工作，希望不要给你们，也给读者增加负担。

---

① 指刘大年《论历史研究的对象》一文。

敬礼

刘大年

一九八六年五月廿三日

128　致胡绳

（1986年5月18日）

胡绳同志：

送上资料一件，烦披览。

资料提供者周斌同志，我是一九六三年起认识的，那时他在外交部工作，以后多次在一起搞外事。照我了解，这位同志正派，有工作能力，日文很好，替毛主席以下多位领导人作过翻译。现年五十一岁，看上去像个青年人。曾出版中、日文著作各一本。中文《战后日本的崛起》（分量不大），受过耀邦、彭真同志的好评。

一九八三年以前，他在社科院日本所工作，后调往人民日报社。近来他觉得自己不适合报社工作，要求回来。严家其[①]同志同他熟悉，想请他去政治所做研究工作，兼副所长。前几天，他们一起来找我，意思是，此事须经院长同意才行，要我“先容”一下。在没有事先了解以前打报告，不能批准，以后反而不好办了。情况反映如上，其他见所附材料中。是否要作点考查，或问问严家其同志等请裁夺。

刘大年

1986年5月18日

---

①严家其，曾任中国社会科学院政治学研究所所长，后去美国。

129 致成晓军及复函

（1986年5月20日、30日）

一

成晓军同志：

来稿见到，即转给《近代史研究》了。我的印象是还应当更具体，深入一些。前人所说的“窄而深”是学术研究必由的门径。稿件处理的事，请与《近代史研究》编辑部联系。祝奋进成功。

敬礼

刘大年

1986年5月20日

二

尊敬的刘老前辈：

您老人家好！

捧读来示，心情久久不能平静。先生德高望重，学务、公务甚忙，能拨冗为我这无名之辈审稿赐教诲，确是我终生不能忘怀的一件事。“‘窄而深’为学术研究必由之径”，此句铮铮有分量之言，确是自古之训鉴，亦为先生数十年治学之良验，我一定把它深深铭记在心头，并努力遵循您的教导，在那坎坷不平的治学道路上奋进。

既然我原来那种担心怕您不会搭理我的请求的想法已不成为现实，那么，我在此还想冒昧再向先生请教一个问题，即做学问有何捷径可走，而具体到史学研究的理论和方法，怎么去学习和实践才能做到较好较快的掌握呢？请先生惠赐教益。我志大才浅，在湘大是“无爹无娘”——即无明师指点，虽然现正在林增平[①]师处攻读硕士学位，但因林先生公务繁忙，且他老人家做学问的途径可能与先生有所不同。不同在何处呢？恕我对老前辈妄加评论之罪。林先生主要在史实方面下功夫较多，而先生您则在理论和具体解决实际问题方面都做出了卓著成就，两个特点都具备了。我们作为一个青年史学工

① 林增平，时任湖南师范大学教授。

作者，在实际工作中深感马克思主义史学理论、方法的掌握很不够，或者说还未入门也。故又在此打扰您了。此致
敬颂健康长寿。

湘潭大学历史系　成晓军

5月30日

130　致刘武生[①]

（1986年5月21日）

武生同志：

《百家争鸣方针侧闻记》两份，请金冲及、龚育之[②]两位同志和编辑部同志提意见。引用材料倘有不准确的地方，烦代为改正。最后处理办法，望在电话上告诉我。《决议》注释本一册，卡片三张和调查记录一件一并奉还。

刘大年

一九八六年五月廿一日

131　致张书生

（1986年6月10日）

次韵酬张书生同志感怀

实无空暇，更少诗兴，捏合数语，权当函复。

译业半屋胜耕桑，纲目殊方辨紫阳。
当日对虹胸中赤，至今摛藻鬓无苍。
文章种贵趋时笔，风景人观大野光。
试看又陵天演在，百年重抵几台郎。

---

① 刘武生，时任中共中央文献研究室《文献与研究》主编。

② 金冲及，时任中共中央文献研究室副主任。龚育之，时任中共中央文献研究室副主任。

（汉代尚书、御史、谒者等称三台，后又称三公。中郎、郎中为中小官。几，数目不详，未知多少。）

刘大年

1986年6月10日

132　致刘明逵[①]

（1986年6月20日）

明逵同志：

来信和《中国工人阶级历史状况》均收讫。从信上得知，《状况》各册正陆续出版，一部《史稿》也即将脱手。成绩显著，可喜可祝。研究工作是老老实实的工作，谁肯下功夫，谁就必将终有所获。你长期埋头苦干，锲而不舍，他非所求，终于有成，又证明了这一点。中国工人阶级是极需要研究而又缺少基础的一个题目。原始资料缺如，难度很大，使一些研究者望而却步。《状况》我粗略翻了一下，资料充实，编得仔细认真。以往有些资料书，不分精细，挨一点边，连篇累牍，罗列在一起，不免浪费篇幅，览者茫然。《状况》条目清楚，详加选择，可以说是编资料书的一种好的样子。当然研究工作是没有止境的。资料书贵在准确，“多闻缺疑”不足信的宁可不收，反而显示作者的严谨。孙中山的言论、活动中有不少涉及工人阶级，不知利用得如何，我没有查对，可加以注意。希望看见你的全部计划超额实现。

敬礼

刘大年

一九八六年六月廿日

① 刘明逵，时任中国社会科学院近代史研究所副研究员。

133　致罗尔纲[1]及复函
（1986年6月、7月）

一

大年同志：

我执起笔来，不知如何向您表示我感激的微忱才好。

我是范老和您亲手栽培、教育的，如果说今天能有些微的成就，那都是出自范老和您的栽培、教育。[2]拜读您为北京太平天国史研究会专集大文，使我感到领导的教诲，无限的温暖！大文中，有许多地方对我都起了教育作用。有些地方，我是经过多年才意识得到的，但却说不出来。如说太平天国历史"也像整个历史长河中的所有重大事件不知有多少细节真相，人们永远不会了解了。任何研究者不可能也不应该提出这样的任务：恢复事件原来的样子。但是经过不断深入的科学研究，历史的基本面貌，事件的性质和意义，总是越来越为人们所认识清楚的"，就像明灯一样在研究的路上指示了我。

今天，特地敬肃这封信向您道谢，并请求赐给这篇大文作为现已发排的拙著《太平天国史》第一篇序。（第二篇是谷霁光，第三篇是汤象龙，第四篇是邢凤麟。谷、汤都是记他们对老朋友的认识，邢凤麟原任广西社会科学院副院长，现调深圳博物馆长。去年《广西画报》要他写一篇对我的报导，现在他把那篇报导改成小传。）去冬交拙著第一批稿时，与家人商量，想请您赐序，提到五十年代中，请吴晗同志给《太平天国史论文集》作序，吴晗同志说，现在已不兴这一套了，不肯写。前几年给郭毅生同志《太平天国经济制度》写了篇序文，后来中国社会科学出版社取消了这篇序，郭毅生来说，社会科学出版社叫他来对我说，该社同时取消十部要发排的新书的序，不只是对郭书，叫我应谅解。因此，家人认为新社会既然不兴这一套，我请求了，会使您为难，所以作罢。今拜读大文，惊喜尚为专集赐文，而我是范老和您亲手栽培、教育出来的，一生写成的拙著，哪有不肯赐序的！为此，特敬录

---

[1] 罗尔纲，时任中国社会科学院近代史研究所研究员。

[2] 此处据刘大年先生说：罗老来近代史所工作之前，早就是知名学者，在太平天国研究方面，他是一大家。罗老为人谦虚，此说不符合事实。

大文呈上。（因复晒模糊，有些地方看不清，空了格未写，请填上。已录的也会有看错，请改正。）鄙意窃以为加：

“罗尔纲同志撰写的《太平天国史》现在要付排了，要我写篇序文。北京太平天国历史研究会出版一部专集，祝贺罗尔纲同志从事学术工作六十年，也要我写篇文章。”

这几句话作为第一段，作总的开头。原文开头“北京太平天国研究会出版一本专集，祝贺太平天国史研究专家罗尔纲同志八十五大寿，和从事学术工作六十年。此举令人高兴”这几句不要。第二段即从“出专集纪念学术界前辈人士，中国过去就有这种做法”起。这样，全文就完全合拍了，也很自然。至于大文中有些时间或事实略有出入的地方，另用纸片写出，贴在抄稿旁，请审阅。大文抄稿奉呈，专此拜求。敬请

暑安

罗尔纲　敬上

1986年6月22日

二

尔纲同志：

手示奉讫。你太谦逊了。谦虚是中国人的美德，但到了“太”的程度，我就不能不有点异议。拙稿[①]遵嘱加了几句关于作“序”的话，如何处理，悉听尊便。稿中提到的胡绳同志的提纲，昨天我找他核对过，此事不误。如果您不认为有何不妥，即维持原稿的样子。其他均照签注改正了，请再核阅，有何问题，便中随时示知。

夏日炎炎，注意健康。平时口吟手披，亦应有所节制。此不止为长寿，更重要的是要保持健旺精力，尽可能多地为党的学术事业多做一些贡献。专此奉复，即候

近安

刘大年

---

① 指刘大年为罗尔纲《太平天国史》一书所作的序：《太平天国史学一大家——祝贺罗尔纲先生85寿辰和从事学术工作60周年》，后载《近代史研究》1986年第6期。

三

大年同志：

赐序已拜收，加多一段，更加完美，只是太过奖了。拙著得到您的赐序，一位身兼史学界领导与工作领导的序文，其对读者影响之大，非言所能喻。一生苦作，赖以不朽矣。感激之忱，曷可言宣。赐序手迹，敬谨珍藏，永以为宝。

前几天，您打电话给贾熟村[①]问拙著概况。熟村说仍用纪传体写，是错的。我用的是一种对纪传体经过多年三番四复的改变而成的体裁（包括内容和形式）而写的。前几年，有一位历史研究者写了一篇《古代史家怎样对待史书体裁》，他说纪传体以本纪、表、志、传写成，实际是一种“多种体裁结合而成的综合体”。我觉得在形式可以这样说，在内容却不能这样说。因为纪传体本纪记帝王，列传记人臣，以人物为中心，故名为纪传体，是名实相符的。我对此体裁，一改再改，先加“序论”，概括全书，以补救纪传体“大纲要领，观者茫然”的缺点，曾得范老手书，褒为“可以不朽矣”。其后又把“本纪”取消，将洪秀全、洪天贵（幼主）事迹移入“传”内，另立“纪年”，专记大事，取消了纪传体所体现的浓重封建性。接着，又学习您在《历史研究》发表的那篇论中国近代史为人民创造的大作（题目记不清了），在“序论”内特写的第一章《开宗明义的说明》，就是完全照您的观点、立场、理论来论述太平天国是人民造成的，企图扫除纪传体所遗留的以人物为中心的残余。最后，在“纪年”的写作上，又把以用《春秋》流水账式纪事写成的稿，改用纲目体重写，并把“列传”改为“传”。（纪传体以“本纪”记帝王，以“列传”记人臣，“列传”与“本纪”是对称的，今将“本纪”取消，将洪秀全父子改归“传”内，为循名责实起见，故改“列传”为“传”。）这样，以叙论、纪年、表、志、传五部分组成一种新体裁。不论在形式上，或内容上，才可称为“多种体裁结合而成的综合体”。因此，赐序上“按照正史规格写的新本《太平天国史》”，改为“用多种体裁结合而成的综合体写的新本《太平天国史》”，想必蒙俯允的。赐序昨天已抄成，今日即

① 贾熟村，时任中国社会科学院近代史研究所研究员，罗尔纲的女婿。

送中华[①]发排，专函于世明[②]列在第一篇。专此奉陈。即叩

暑安

尔纲 敬上

1986年7月7日晨

由于刚才大风暴雨，灯光不够，写得许多错乱，因现要赶交《太平天国丛考丙集》稿，未能另抄，实在不恭，请恕！请恕！

134 致中国社会科学院及复函[③]

（1986年6月26日，1987年3月4日）

一

中共中国社会科学院党组：

五月十五日，中国史学会举行常务理事会，在京的常务理事八位出席会议，五位因病因事请假。会议就以下三个问题进行了讨论，并提出了处理意见和建议。现报告如下：

（一）关于加强、改进中国史学会的工作问题。与会同志认为，历史学是社会科学的基础学科之一，它对于培育社会主义一代新人，提高全民族的文化素质和政治素质，建设社会主义精神文明等方面都具有重要的作用。目前，“历史学的社会功能”问题，“历史与现实的关系”问题，如何丰富历史学的研究与教学的内容，以及如何对待西方各种史学理论和方法问题，已经引起史学界的注意，并初步开展了一些讨论。这种状况，要求我们加强马克思主义历史学的研究与教学工作，使它在当前的实际生活、科学文化建设中发挥应有的作用。

中国史学会作为全国性的学术团体，在这方面应该做一些它可以做的工作，也是能够做一些工作的。

---

① 指中华书局。

② 于世明，时任中华书局编辑，《太平天国史》责任编辑。

③ 本篇一是刘大年起草的。

史学会是全国解放后建立最早的少数几个全国性的学会之一。五十至六十年代初，在团结史学界各方面的力量，编纂出版《中国近代史资料丛刊》等大型书刊和推动学术研究等方面，做了很有益的事情。一九八〇年，在胡乔木同志倡议下，中国社会科学院党组主持领导了中国史学会的重新建立。六年来，它组织了几次重要的、大型的学术活动，在国内外都有一定的影响。两次派代表团出席第十五、十六届国际历史科学大会，并于一九八二年九月正式加入国际历史科学委员会。一九八一年起由中国史学会主编的《中国历史学年鉴》，对中国历史学的情况反映比较全面，内容丰富，出版及时，被认为是国内诸多年鉴中较好的一种。但史学会目前所处的状况与它要起的作用不相适应。我们考虑需要采取一些必要的措施，使它的工作得到加强与改进。

1. 在没有新的体制以前，中国史学会仍挂靠在中国社会科学院，但请院党组给以特别的关怀，党组最好有一位领导同志能够分管和经常过问史学会的工作，史学会也将更加主动地请示报告工作。这对院党组不会增加多少负担，对史学会工作肯定有好处。史学会并不要在全国性的学会中谋求特殊地位。全国性的大学会如中国法学会、经济学团体联合会等都有常设办事机构，有专职人员，有较为充裕的经费，和有挂勾后援部门。唯有中国史学会四面不靠，一穷二白，难以开展经常性的工作，近两年问题更为突出，甚至连维持现有的工作都发生很大的困难。希望党组的关心，能够改善这种状况。

2. 在经费方面给以适当的照顾。现在每年从学会活动经费中可以得到一笔二万元左右的日常经费。除去对《年鉴》和《史学情报》（季刊）的资助外只能维持日常办公开支，开展任何一项活动，印刷、调查等费用是必不可少的。请社会科学院从明年起增拨一笔经费，史学会将按照财务制度，每年呈报预决算，在使用方面严格掌握，厉行节约。

3. 史学会的外事活动和外事经费列入中国社会科学院的对外学术交流计划和经费之中，统筹安排。史学会按计划和规定手续申请办理。又，目前有两项外事需尽快处理，一是在中国召开历史科学委员会执行局会议的问题。一九八四年七月，该委员会秘书长阿维勒夫人访华提出，希望一九八六年在中国召开一次执行局会议。经请示社会科学院领导，已获同意。后对方改期。去年在斯图加特开会时，阿维勒提出中国史学会邀请在中国举行执行局的会议，是否继续有效？我们认为应该继续有效。希望明确批示，以便再次磋商具体开会的时间。第二件是英国历史学会主席巴克教授去年九月来信，希望访华，但因我们无钱招待，不敢复信。望一并批复。

4. 设立一个小的办事机构，处理日常事务。编制不另外增设。经与历史所、近代史所、世界历史所负责同志磋商，三个所各拿出一个编制给史学会使用，待学会有了编制，即退还给研究所。请院党组指定一个所代管秘书处的党、政工作及经费。为便于选调、培养干部，我们初步意见负责常务工作的副秘书长（专职或半专职）可以定为副司局级，三位工作人员相当于助理研究员或处、科级干部。

（二）关于换届问题。本届理事会至今年四月业已届满。因经费困难，不可能单独开一次代表大会，特别是想等待今秋全国社会科学工作会议后根据新的精神再开换届的会。常务理事会商定延期至一九八七年夏季与纪念“七七”抗日战争五十周年学术讨论会靠近的时间举行，并已发函给全体理事征求意见。

到会常务理事还讨论了学会本身的改革和它的任务，主要的意见有五条。

第一，群众性的学术团体不用于研究机构，更不同于行政机构，应尽量减少行政事务性的工作，把主要注意力放到了解和交流学术动态，组织和推动史学研究的开展，探索发展马克思主义历史学的途径和方法。为此，可以组织若干专门的委员会（或小组），有计划、有系统地，但又是及时地对历史学研究中带有倾向性的问题、学术思想理论问题进行研究，发表意见，善于引导，在宽松、和谐的学术环境中交流讨论，提高学术水平。

第二，根据以往六年的经验和实际情况，史学会没有必要搞一个庞大的有名无实的理事会，实际上起不到什么作用，甚至连理事会也很难召集。也不需要搞以往那种“轮流执政”的主席团制。只设会长一人和副会长若干人。建立一个常设的比较精干的秘书工作班子，秘书长或专职副秘书长可以连任，学会的学术组织、外事、日常行政工作统由秘书处负责进行，不必循例定期改选。准备现在就成立一个小组，专门研究史学会的体制改革问题。提出方案在明年夏季举行的会上讨论。

第三，中国史学会参加了国际历史科学委员会，它是代表我国史学界的。我们必须认真做好这方面的工作，以求与我们国家的地位、威望相称。国际历史科学大会是一个重要讲坛。我们要利用这个讲坛，让外国听到中国史学界的声音。这要有人经常对国际历史科学委员会的决议、有关资料、对五年一度的国际历史科学大会的议题认真研究，并负责组织相应的文章和办理有关准备事项。为此需要建立一个国际历史科学委员会国内工作小组或委员会，它的性质和工作范围，以后可再进行具体研究。但应尽快成立，开始工作。

第四，承办中央、社会科学院交办的任务。过去已经承办了多次中央和社会科学院交办的任务，今后仍应继续承办、办好。

第五，继续办好《中国历史学年鉴》和《史学情报》。

（三）关于纪念"七七"抗日战争五十周年学术讨论会问题。

明年是"七七"抗日战争五十周年。这是一个重要的日子，纪念它有多方面的意义。据现在所知，日本有几个团体正筹备联合举办国际学术讨论会，并将邀请中国学者参加。台湾肯定也要有所表示。中国史学界应当举办一个有质量的，适当规模的学术讨论会，来纪念这个日子。只有一年的时间了，现在就要考虑筹备工作。讨论会的方针、筹备办法等，将在最近另写报告。

上述各项，是否有当，请予审核批示。

中国史学会

一九八六年六月二十六日

二

中国史学会并

刘大年同志：

去年六月中国史学会给院党组的报告，院党组即交院有关局审议，当时人事局因史学会报告涉及体制问题，难以解决，迟迟未予答复，这是应当检查的。本月四日，院务会议认真讨论了大年同志的来信和中国史学会的报告以及各有关局的意见。大家认为，中国史学会一九八〇年在胡乔木同志倡议下重新建立起来，做了不少有益的工作，对团结史学界、组织中外学术交流、推动史学研究，起了良好的作用。中国史学会关于加强和改进自身工作的要求，是正当的、合理的。但是，由于全国社联迄今未能成立，社会科学各学会的领导体制问题一直未解决，要想使中国史学会的工作有根本改变，是很困难的。特别是涉及到人事待遇问题，更不易解决。在此情况下，建议中国史学会作如下安排：

1. 为便于处理学会日常事务，决定今后中国史学会挂靠在近代史所。重大事项可向院领导报告请示。

2. 同意由历史所、近代史所、世界史所各出一人，组成中国史学会日常办事机构。专设副司局级副秘书长一事，目前难于做到。

3. 由我院暂时掌管的学会经费系由财政部专项拨款，过去每年为一百万元。如此项经费总额不增加，中国史学会的经费就只好仍维持原状。中国史学会如有特殊需要，可以另外单独申请，院有关部门将酌情尽力支持。

4. 外事经费直接列入我院每年学术交流计划，也有困难。因地位类似的其他学会也有此要求，目前没有力量满足。此类问题可以采取专项需要专项申报的方法解决。

5. 中国史学会内部体制改革和换届问题，同意由史学会自己议决。

中国社会科学院

一九八七年三月四日

135　林沄来函及复函

（1986年7月18日、8月19日）

一

刘大年先生：

我是吉林大学历史系的教师。今年刚担任副校长，主管文科教研。我恳望您能允许我在7月30日至8月7日间得到一次拜访您的机会，就十月上旬将在我校举行的纪念吕振羽同志史学研讨会一事，给予指点和帮助。

吕振羽同志是我校前校长。最近，他的夫人江明同志按吕先生遗愿，将价值约20万元的全部藏书，以及在京的住宅无偿捐献给吉林大学。体现了共产党人崇高的思想。10月6日是我校40周年校庆。在校庆期间，将举行纪念吕振羽同志史学研讨会，及吕振羽藏书纪念室揭幕式，研讨会的主题是全面评价吕振羽同志一生的学术贡献，讨论如何继承我国第一代马列主义史学家开创的道路，在新形势下开拓史学研究的新局面。我们深望能听到您这样一位在我国史学界有很高威望的学者，在总结过去和展望将来两方面的重要见解。再一次热诚地邀请您能抽空参加这一次研讨会。记得您在1953年访苏归国时曾到吉林大学做过学术报告。30年后重到吉林大学更有一番意义。如果实在无法到会，也希望您给我一次面见您的机会，能使我听取您对开好这次科研会的启发性意见，或以书面、录音方式提供会议发言，或为会议或藏书纪念室题词。

我在7月30日至8月7日将暂住北京。您认为我在哪一天到什么地点去拜访您合适，请在7月28日以前写信或打电话到江明同志处。恳望您能满足我的请求。敬颂

暑安！

林沄

1986年7月18日于火车上

二

江明同志

并转吉林大学负责同志：

日前吉林大学副校长同志来函，适我外出，未复为歉。遵嘱为吕振羽同志学术讨论会写了一个发言稿[①]，送上请阅正。有无可取，如何处理，悉听自便。祝讨论会成功。

敬礼

刘大年

一九八六年八月十九日

---

① 指刘大年《吕振羽与中国古代史研究》一文，《光明日报》1986年11月5日刊发。

136 致黄彦[①]及复函

（1986年9月5日、8日、12日）

一

黄彦同志：

一件资料来源问题，特函请教。

一九八一年《孙中山选集》五三六页致犬养毅书，注为“据广东社会科学院所藏原件照片”。我想知道：一九五六年《选集》收有这封信，但未注明来历，这次增注，也说系据“照片”，原件下落有无可考？我尤其希望确切了解。此信在《选集》第一次发表以前，是否在台湾或其他任何地方以任何形式公布过？烦就研究、接触所及，近日赐复，至为感谢。

敬礼。

刘大年

1986年9月5日

二

大年同志：

五日大札敬悉。垂询之事，谨据个人所了解的情况，奉复如下：

（1）一九二三年十一月十六日孙中山致犬养毅书原件，“文革”前听说藏于南京第二历史档案馆。一九五六年初版本即据此排印，但删去数段，文字上也有所改动；卷首的墨迹也是据该件照片制版。一九八〇年冬校订选集时，我曾去函并托专人与该馆联系，但该馆人员复称并无此原件，云存有照片也未同意复制或借出。我又曾分别函询中国革命博物馆、上海孙中山故居、宋庆龄同志办公室等处，均答复无此函原件或照片。

（2）敝院另藏有孙中山手书的致犬养毅函原件照片，以之与选集初版本影印的墨迹和正文相比较，内容基本相同，但个别文字措词略有出入，所署日期也不同（比十一月十六日早数天或十余天，因该照片于数年前不知被外单位哪位同志借用，迄今尚未送回，故已记不起其确切日期）。据我对照

① 黄彦，时任广东省社会科学院孙中山研究所所长。

研究，敝单位所藏显系未经发出的信函草稿（笔迹较潦草，涂改之处颇多），而二档所藏则为誊正稿。“文革”末期三所同志编《孙中山年谱》时，我发现谱稿的不同条目上分别列出这两个函稿，便将草稿那一条删去。

（3）我在校订《孙中山选集》时原遵循一个原则，即所收录的全部照录原文。由于找不到十一月十六日誊正稿原件，在不得已的情况下，只好参照敝院所藏草稿照片予以增补。但即使如此，初版本所删去的两段文字，仍使我感到为难，经与人民出版社编辑部磋商后，决定在校订本中仍不予恢复。

（4）这封信是一九五六年出版选集初版本时第一次刊布，在此之前，任何地方都从来没有发表过。即便在选集初版本出版后，台湾历年编纂《国父全集》，包括一九七三年版在内，都不收入这篇书信。

汇报如上，不当之处请指正。即颂

大安。

晚辈　黄彦　拜上

1986 年 9 月 8 日

三

盛永华同志：

《孙中山书信手迹选》序九页十三行“台湾”二字，务希设法改正，明昭郑重。现在查的结果如下：

一、此信最早发表，见于一九五六年人民出版社《孙中山选集》。一九八一年再版，内容未变，仅于五六三页加注脚一行：“据广东社会科学院所藏原件照片”。过去其他各种版本的孙中山文集，包括一九七三年台湾《国父全集》中，均无此信。

二、台湾一九八二年远东图书公司出版的吴相湘《孙逸仙先生传》下卷 1542—1545 页载有此信摘录。信的日期为“十一月十六日”。据作者说明：“全函十九页，每页八行，每行约廿一字，合计约三一二九字。真是名副其实的长翰。”但吴书摘录，共止二一九零字，删去九三九字。一些重要段落都删掉了。与我们现用《手迹》不是小有差异，而是大有差异。

三、《手迹》此信写于一九二三年十月廿四日，吴相湘书所载信署十一月十六日。《手迹》共二十二页，吴书载为十九页。它们是两个不同的底本。《孙中山选集》此信日期与吴书同，《选集》编者田家英、荣孟源等位所使用的，显然与吴书所使用的为同一照片。《选集》八一年本所的注为“据广东社会科学院……”云云，也只能是这个照片，而且底片也找不到了。黄彦同志来信所说，似不确。改两个字很费工夫，从大处着眼，看来不费这番工夫是不行了。添麻烦了，对不起。

刘大年

1986年9月12日

（又附去我给黄彦同志的信和黄回信各一件）

137　胡思庸[①]来函及复函

（1986年9月12日、12月1日、12月17日）

一

大年同志：

自从郑州的“近代文化史讨论会”上分别以来，转瞬已是两年，近况可好？时以为念。敬惟诸事顺遂，身体康泰为祷！

晚生近年来琐务缠身，学业荒废，一事无成。一月前见报载黎澍[②]同志大作，因自己水平太差，不能理解，仓促之间，草成《历史的创造与历史的动力》一文，欲以向黎澍同志请教，更想请您审正。此文不合时宜，恐发表为难，想尽快发表更难。未知您肯于俯允相助否？专此，即颂

道安！

晚生　胡思庸

1986年9月12日

二

思庸同志：

尊著九月间收到，而且一直放在案头。从那时起忙于外出、开会，昨天

---

① 胡思庸，时任河南省社会科学院研究员、院长。

② 黎澍，时任《中国社会科学》主编。

始得展读，不胜歉仄之至。长话短说，我一向主张，马克思主义的社会科学研究，在追求革命真知。既求知，就不能墨守旧闻，食古不化。反之，也不能赶时髦，看风色行情著文立说。不管别家如何，只要自家了然于怀，成竹在胸，就当秉孟子所说：虽千万人吾往矣。一些读者嘲笑、厌恶的东西，也许恰恰为另一些读者顶礼崇信。不这样，大概就不叫社会科学了，加上马克思主义词句与否，情形都会如此。尊稿已转其他同志。照说应该能够发表。可惜我们——当然也不止我们，许多事情并非以"应该"为准。最好就近处理，不必远求他方。我们不是进到所谓信息时代了吗？没有必要藏之名山，然后传诸其人。临颖草之，即祝

撰安

刘大年

一九八六年十二月一日

三

尊敬的大年同志：

展诵来教，受益良深。您说"马克思主义的社会科学研究，在追求革命真知。既求知，就不能墨守旧闻，食古不化。反之，也不能赶时髦，看风色行情著文立说"。这和我平素的信念完全一致。"夫子言之，于我心有戚戚焉。"自己才疏学浅，本来只是搞一点小的具体问题，照新的名词说，就是"微观研究"，从没有写过——也没有想到去写——史学理论的文章。这次偶一为之，也是被某公的大言欺世所激。"余岂好辩哉，余不得已也"。当然，拙文写得很浅，难免贻笑大方之诮，只好在敝院《中州学刊》上发表，随函寄上，仍祈哂正。其中较原稿略有增删，用红色圆珠笔画线的部分，是我新增的百数十字。

近数月来，敝院正在评审职称，我忝为主持者，故而十分忙碌。此事做完后，决定辞去行政职务，重理书生旧业。特此奉闻，匆候

道安

晚　思庸

12月17日

138 致田汝康[①]

（1986年10月22日）

汝康同志：

去苏联参加孙中山学术讨论会，昨天回国，方见来稿，迟复为歉。《对象》[②]一文，去年赴斯图加特时，曾备有约五千字的缩编英译稿。现在事隔一年，抛掷何处，再也寻检不出。我所提到的西方论著，有些就是从你们的翻译介绍中摘取出来的，你再“反馈”回去，不致走样，可以确信。西方讲历史哲学的书，不乏精粹之作，如不久前出版的恩斯特·卡西尔《人论》、科林伍德《历史的观念》等便是。我希望多读一些，多了解一些。对马克思主义理论、对中国传统、对西方非马克思主义著作，都必须正确对待，我们才能前进。质诸高明，不知以为如何。此复，即候

近安

刘大年

一九八六年十月廿二日

139 致彭真

（1986年10月31日）

彭真同志：

兹有一事报告如下：

十月十二日至二十日，我去莫斯科参加苏联科学院举办的孙中山学术讨论会。十月二十日，应最高苏维埃主席团副主席托勒库诺夫邀请，由我驻苏大使李则望陪同，至克里姆林宫与托会见，谈话约一小时。苏方参加的有苏联科学院远东研究所所长等，我方参加的有大使和译员。

十月十二日，我们一行抵达莫斯科，学术讨论会的组织者苏中友协会长

① 田汝康，时任复旦大学教授。

② 指刘大年《论历史研究的对象》一文。

齐赫文斯基至机场迎接。一到旅馆，就说如果你们希望会见什么人，都可以安排。我表示是来参加学术讨论会的，没有其他任务。后来苏方接待人员又几次试探，如果最高苏维埃领导人邀请会见，是否准备前往？我都托词婉谢。十月十七日下午，齐赫文斯基当面告知，托勒库诺夫决定邀请见面，并且时间定在第二天上午。我指出明天的日程已经排满了，齐说别的日程可以取消，我只好表示当晚答复。回到旅馆后，来不及向国内请示，即与大使馆联系。公使李枫林说，使馆已经知道消息，主张我接受邀请，并由大使陪同前往会见。后来会见改在十月二十日上午，地点在克里姆林宫托办公处。托表现热情，主要是讲他访问中国的观感，赞扬我国建设成就。比较具体的内容有两点：（一）说他访问中国时，与彭真同志达成了原则协议，今后双方交换常委会代表团的互访。此事他已报告党与国家领导，并在联盟、民族两院会上报告、讨论，得到一致同意。（二）今后凡有中国人大代表至莫斯科，他们都准备见面。我讲话的主要内容，是说人大常委会制定法律的任务繁重，中苏两国议会类型接近，苏联有些立法经验我们需要知道，加强交流，双方都有好处。对于第一点，我表示回国后向领导汇报；对于第二点，我说恐怕难以实行，不用说中国人大代表有二千九百余人，光常委会成员也有一百五十人，你们都会见，肯定吃不消。托说，这是我们的打算，不会每个人都来的。会见开始时照相，临别送了我一部《莫斯科》画册。会见的经过和内容，主要就是这一些。

我这次去苏联是参加学术会议，名片上也没有印人大常委的职务（我在递给托勒库诺夫名片时说明名片上没有载明人大常委职务的上述原因，在场的苏联远东研究所所长马上说：我们对你很熟悉，你瞒不过我们）。不曾想到会与苏方最高苏维埃接触，因此事先也没有请示、考虑这方面要如何因应。看来也是一条经验，今后值得注意。苏联是抓住一切机会作姿态，作宣传。开会期间，塔斯社、莫斯科电台记者分别来采访。我在会上的讲话，《真理报》《消息报》均有报导，电视台转播录音录像。学术界头面人物在不同场合见面。我们的住房、生活费标准也相当高。齐赫文斯基多次出面接待，亲至机场迎送。托勒库诺夫邀请会见，出于这一背景。一并附闻，供领导参考。

刘大年

一九八六年十月三十一日

140 刘渡舟来函及复函

（1986年11月12日、12月22日）

一

刘老：

今寄出洗足药方一张，望您一试，或许能减轻疼痛。

顺致

敬礼！

刘渡舟

86年11月12日

洗足药方：当归尾12g、桃仁12g、南红花12g、川芎10g、苏木10g、海桐皮12g、桂皮12g、赤子12g、川椒10g、北细辛6g、用水煮药20分钟后，先熏后洗。

二

渡舟同志：

小女刘潞前往拜谒，请多加教诲。烦一再赐助，不胜铭感。新春在迩，即候年安。

刘大年

1986年12月22日

一九八七年

141　致吴于廑[①]及复函

（1987年3月8日、26日）

一

于廑同志：

前些天我委托王玉璞[②]同志同您通电话，得知身体健康，并慨允拨冗赴日访问，且慰且喜。襄阳耆旧，江东月旦，他邦自有知音。阁下此行为中国历史学家代表团定然增色不少。《交流》[③]一题，在全局中总以有此方为周到。请当仁不让，及晨命笔。时间短暂，要求创新、全面，显然均不切实际。选择其中几点，汲取学术界已有成果，加以妙手心裁，成一新篇，就很难得了。会议纪要奉上，烦一览。有何指教，望随时函示。

敬礼

刘大年

一九八七年三月八日

二

大年同志：

---

① 吴于廑，时任武汉大学教授、副校长，担任“七七”事变五十周年中日学术讨论会中国历史学家代表团顾问。

② 王玉璞，时任中国史学会副秘书长、中国社会科学院近代史研究所科研处处长，担任“七七”事变五十周年中日学术讨论会中国历史学家代表团秘书长。

③《交流》，指吴于廑为在日本举行的“七七”事变五十周年中日学术讨论会提交的论文《从世界历史看中日文化交流两千年——纪念“七七”事变五十周年》，后载《中日学者对谈录——卢沟桥事变五十周年中日学者讨论会文集》，北京出版社1990年版。

手书诵悉。社科院及史学会公函也已于日前寄到武大，学校表示同意，正在办理应办手续。文章大是难题，我想也只能以外行人谈点有关的想法。准备先看点书，补充一点背景知识，然后再看能不能说一点不致过于失体的话。所幸有诸公珠玉在前，足以掩我孤陋。不然，即有尊嘱，亦不敢自任。目前手上还有些事未完，如下月拿不出初稿，不知能稍予宽假否？稿成当寄呈请教。

人大在开会中，知必甚忙。匆复不一。

敬颂

撰祺！

吴于廑　敬启

三、二六

142　致熊培庚

（1987年3月20日）

培庚同志：

二月廿日信悉。昨晤朱正同志，他说《天下楼》出版问题已解决。如此甚善。倘因印数太少，书出不来，事关商业效益，别人谁也说不上话。业经解决，也就好了。

敬礼

刘大年

一九八七年三月廿日

143　致王琳[①]

（1987年4月10日）

王琳同志：

---

① 王琳，时任《天津社会科学》编辑。

拜读三月廿五日大函，十分感谢。可惜我做的工作很少，不值得同志们谬加奖誉。前几天偶有一稿，刚刚交给了别的刊物。原定计划欠账很多，时间、精力都不允许近期写出别的什么。往后能否勉力以副厚意，还是不开空头支票为好。学术理论研究中的某些倾向，与资产阶级自由化鼓吹“全盘西化”等，必须加以区别，不能混同。但也应该看到他们之间并没有不可逾越的鸿沟。在一定条件下，彼此会互相影响，不利于青年走正确的方向。肯下功夫，必定有可作为。等着观览你们的成就。萧恩元同志统此不另。

敬礼

刘大年

一九八七年四月十日

144　郭双林[1]来函及复函

（1987年5月20日、10月18日）

一

刘先生：

您好！

先生大名，神交已久。近年来跟胡思庸[2]先生读研究生，更常听他谈及先生之学问与为人，钦佩之情每每溢于言表。晚生受此影响，故对先生益加仰慕。惜未能常听先生教诲，晚生不胜遗憾。

近日毕业论文打出，胡先生特别嘱咐晚生呈给先生一份，以乞斧正，并代他向您老问好。先生为革命老前辈，吾学界之泰斗，晚生乳臭未干，岂敢如此冒昧，但以尊师有言，晚生只有勉为其难，斗胆而行。望先生笑纳，并不吝赐教，则吾师幸甚，晚生幸甚。此致

颂祺！

晚生　郭双林

一九八七年五月二十日于开封

---

① 郭双林，时为河南大学历史系硕士研究生。

② 胡思庸，时任河南省社会科学院院长，河南大学兼职教授。

二

郭双林同志：

五月间惠函得悉，新作似未见到。我做的工作很少，一切平平。不虞之誉，前人无取。你的老师胡思庸同志为人治学，纯正严谨，可学的东西正复不少。冰寒于水，方合常规。不过我希望凡作为学生的人，都不要为常规所拘限。马克思主义和马克思主义历史学处在新的发展阶段。有志青年应以开辟新局，担当大任自相期许。这当然是说立足于科学去真正发展科学，不是指随便的什么“突破”之类。

敬礼

刘大年

一九八七年十月十八日

145　致周谷城、张承先[①]

（1987年6月11日）

周谷老、承先同志：

制定档案法是大家久已盼望的。现在经过反复调查研究，提出了这个草案，很不容易。档案保护之所以重要，是由于它具有特定的社会功能，而这种功能，只有在充分利用中才能发挥出来。目前草案中规定的保护部分比较具体，这是完全必要的。对开放利用虽也作了规定，但似欠充分。恰恰在后面这一点上，是学术界普遍关心的。我建议教科文卫委员会约请有关专家，包括历史研究者，举行座谈，提出修改建议，使之更臻完善。如其不然，通过了，那时大家意见颇多，批评教科文卫对此未加重视，颇难解释。当否，请裁决。

敬礼

刘大年

一九八七年六月十一日

① 周谷城，时任全国人大常委会副委员长兼教科文卫委员会主任委员。张承先，时任全国人大教科文卫委员会副主任委员。此时刘大年任全国人大常委会委员、教科文卫委员会委员。

146 致乔还田[①]

（1987年6月26日）

还田同志：

《抗日战争与中国历史》[②]我希望能补进《选集》[③]里面。排列在第二组最末，对前面版面影响也许不大。倘有困难，望能大力争取一下。下星期我要去日本了，有事请最近来电话。

《人民日报》大作见到，将在一日内拜读。

敬礼。

刘大年

1987年6月26日

147 陈远来函及复函

（1987年6月29日、10月18日）

一

刘大年同志：

三十多年没有见到您了。我五十年代曾在中宣部科学处工作，在工作中得到过您很多教益，至今记忆犹新。

最近，山东社会科学院和山东美术出版社协作编写《中华英杰画传系列集》，由山东美术出版社出版。社科院和美术出版社要聘请您为科学顾问，并让我写信给您联系。

《中华英杰画传系列集》是一套爱国主义教育的书。它包括思想家、政治家、军事家、科学家、文学家、艺术家等十一个集子，有一百五十万字，

---

① 乔还田，时任人民出版社编辑。

② 指刘大年1987年6月26日出席纪念“七七”事变50周年学术讨论会开幕式所作的报告。

③ 指《刘大年史学论文选集》，1987年12月由人民出版社出版。

二千多幅画，介绍八百个历史人物的照片事迹。主持各集编写的都是教授、副教授，参加写作和绘画的都是有较高水平的专业工作者和画家。您是历史学界领导人，很重视爱国主义教育。您的《美国侵华史》，在我的脑海里至今留着深刻的印象。我们热诚地希望您能同意担任系列集的科学顾问，指导我们的工作。如蒙同意，当面送上正式聘书。

我已多年没有见到您了，可能您已记不起来了。我已给王庆成[①]同志去信，请他再转达我们的要求。

寄上编写计划，请审阅指导。盼望给我复示。信请寄：山东济南省委第四宿舍，或山东济南山东社会科学院。谨祝
健康。

陈远

6月29日

二

山东社会科学院陈远同志：

大函及聘书见到，不胜惶恐。《中华英烈画传系列集》当然是一件很有意义的工作，可惜我什么力也出不上，“顾问”之名未免太过滥竽。聘书只好放在这里了，祝你们计划实现，鸿图做得比大展更多更好些。

刘大年

1987年10月18日

148 致今井清一[②]

（1987年7月17日）

今井清一先生：

我和我的同事们已经完成了在贵国的访问，明天就要启程回国了。

我们对卢沟桥事变50周年学术讨论会，一致给予高度评价，认为是一次成功的会议，一次有相当学术水平的会议，一次圆满的讨论会。远山茂

① 王庆成，时任中国社会科学院近代史研究所副所长。

② 今井清一，时任日本横滨大学教授。

树[①]先生对讨论会做了很好的总结发言。他的讲话，说出了与会中日学者共同的心声。这次讨论会京都创始，东京集成，先后接力，成此盛举。我们相信，它对今后中日两国的学术交流，对加深两国人民的相互理解和友好情谊，必将产生良好的影响。今井先生和其他朋友对这次讨论会贡献卓越，我们深表敬意。中日学术交流来日方长，愿我们共同继续奋斗。

远山茂树先生、藤原彰[②]先生烦代为致候，恕未另询。匆此话别，即颂著安

刘大年

一九八七年七月十七日　东京

149　唐兆梅来函及复函

（1987年8月10日、10月18日）

一

刘老前辈：

您老人家好！

曾国藩全集研究是国务院古籍整理领导小组和湖南省委下达的重要科研项目。我们历史文献研究室负责《曾国藩奏稿》的标点、整理和出版工作。

《曾国藩奏稿》规划出十五册，一九八九年出齐。您老人家是我们的老前辈，又是我们的同乡。现在第一册已正式出版，寄给您老人家一本。以后各册陆续出版，就陆续寄给您老人家。除了请您老人家指导订正以外，还聊表我们的一点敬意！敬祝

您老人家安康！

历史文献研究室晚辈同乡　唐兆梅　敬上

1987年8月10日

---

①远山茂树，时任日本横滨市立大学名誉教授。

②藤原彰，时任日本一桥大学教授。

二

湖南湘潭大学历史文献研究室唐兆梅同志：

八月间来信获悉，谢谢同志们的厚意。《曾国藩奏稿》未曾见到，也许尚在邮递途中。研究工作有各种层次，整理资料是其中一个重要层次。望奋力不懈，循序追求，以期尽揽胜景。

又你校历史系成晓军同志问我能否担任某辞书主编工作，目前我手中杂事正多，找不到时间再做别的什么。烦代为转告，恕未另简。

刘大年

1987年10月18日

150 致刘洪莹[①]

（1987年10月8日）

刘洪莹同志：

七月间来信及文稿最近见到。所询各项，简复如下：

（一）文稿上讲“七七事变”提法不准确，我觉得有相当道理。但把“事变”改成“抗战”也可能产生另外的不确切。文稿已转给《近代史研究》编者，请他们考虑能否发表，供参考讨论。

（二）一九三九年冬至一九四六年初我在冀南工作，是冀南抗战史料编纂委员会成员之一。延安刊行过抗日根据地史料若干册。如果我没有记错，其中有《冀南抗日根据地史料》一册。

（三）北方大学一九四六年初成立，为解放区最早的大学之一。校址设在邢台。旧城南门外教会医院和火车站西面“新兵营”均为校舍。

（四）苗培时一九四一、四二年短期间和一九四六年春夏，确实在冀南和邢台活动过，但非新华社记者。

《近代史研究》编辑部地址在北京王府井大街东厂胡同一号。关于稿子的事，以后与那里直接联系就可以了。

韶光大好，祝乘势奋发，取得成功。

---

① 刘洪莹，时任河北省邢台地委党史办公室冀南革命根据地史料编写委员会工作人员。

敬礼

刘大年

一九八七年十月八日

151 致北京图书馆《文献》编辑部
（1987 年 10 月 18 日）

文津街北京图书馆《文献》编辑部同志：

来函所询关于范文澜同志生平事，奉复如左：①

（一）科学出版社《历史论文选集》附有范年谱，事迹准确。

（二）中州古籍出版社《中国史学家评传》下册有《范文澜传》，学术为主。

（三）你们收到的《范文澜传略》可转社会科学院近代史研究所徐同彪等同志阅，看他们有何意见。

敬礼。

刘大年

1987 年 10 月 18 日

152 致李长莉②
（1987 年 11 月 11 日）

长莉同志：

论文③目录看过，我觉得很不错。有两点意见写在下面，如必要我们再谈一次。

（一）第五章缺少了这个问题的一面，即只讲了那些知识分子前进的一面，没有讲他们落后的一面，令人难于了解全貌。

---

① 书信原稿是竖行书写的。

② 李长莉，时为中国社会科学院研究生院近代史系博士研究生，师从刘大年。

③ 指李长莉的博士论文《洋务知识分子研究》。

（二）最后需要有一节或相当一部分上升为理论论述，联系到前人对这方面的研究（不限于洋务派知识分子）加以评论，充分展开，阐述历史唯物论，使全文表现出理论特色，打破就事论事格局。这与前面一些章节的叙述当然应有联系，不是前后脱节，彼此无关的。因此在前面的研究叙述中就要注意到这个问题，而后可以收水到渠成之效。

照我想，你的目标，是力争写出一部真正有科学性、创造性的优秀博士论文。“博士”当然要及格，但不应仅仅止于此。你是可以做到的，问题是材料与理论，两者的准备都要比较充分，不可畸形。以为如何？

敬礼

刘大年

一九八七年十一月十一日

一九八八年

153　致张椿年[①]

（1988 年 1 月 6 日）

椿年同志：

请研究一下来信[②]，想个主意，我们电话联系，如何答复。

刘大年

一、六

154　致姜涛[③]及复函

（1988 年 3 月 12 日、18 日）

一

姜涛同志：

上次谈过你的论文以后，又想了想。现在把想到的再明确一下，简述如下。

一、论文目的：并非单讲近代中国人口增长变化的历史，近代人口是一个独立题目，但那主要属于近代人口研究。你的论文则应是从历史学的角度研究近代中国人口。这是当初选题时就谈过的。困难当然很大，但正因为困

---

① 张椿年，时任中国社会科学院世界历史研究所所长。

② 指国际历史科学大会副主席 T.C. 巴克尔教授 1987 年 12 月 16 日关于 1990 年在马德里举办国际历史科学大会之事的来信（见《刘大年全集》第十一卷）。

③ 姜涛，时为中国社会科学院研究生院近代史系博士生，师从刘大年。

难，没有人作过系统研究，才需要我们去探索，提供新的知识。中国近代史研究很需要这方面的知识。至于论文题目叫什么，这容易解决，到时再定。①

二、论文的实质内容：集中起来，一共两部分。第一部分，摸清近代人口历史状况。所谓“摸清”，包括目前我们知道的有哪些，和尚不知道的有哪些。第二部分，近代人口历史状况与近代历史运动、变迁的关系。前一部分难度已经不小，后一部分困难可能更大。但只要对前者的状况确实有所了解，对后者就应该能够作些论述。上次谈话中我强调了要有这一部分，但只着重说了讲人口变化是否影响历史运动，而没有强调如何或怎样影响历史运动。“是否”影响自然应当讲，但重点应摆在“如何”或“怎样”上。只有在这方面根据确凿事实讲出一些道理，论文才有意思。这应该是文章的精魄所在，也是表现全文思想性、理论性的部分。以前设想可以单有一章讲人口与历史的理论，现在看来那个想法不可取，要改变。不久前学术界讨论人民群众是否创造历史问题，不同意见相持不下。我想如果不把“题珠”或“题眼”放在“是否”上，而改为放在“如何”或“怎样”上，问题可能容易说清楚一些。道理很明显，“如何”“怎样”的问题解决了，“是否”问题也就真正解决了。考虑你的论文，忽然想到了这个例子。

三、写法必须是“研究式”的，不是“教科书式”的。无论第一、第二部分，在叙述中，都应按照需要进行客观、平等讨论。第二部分尤其可以集中提出一些问题、论点讨论，便于展开。研究力求深入具体，切忌浮泛抽象。把过去想到的轮廓描述、个案研究，分别用在适当的地方，会有助于具体深入。你所设想的“外编”，或者在这些地方派得上用场。谈话中提到的贾熟村同志《曹汝霖传》是一本通俗小书。通俗小书写成那样，使人感到深入具体，所以我说不妨一读。

别人出题目，自己做文章那种科举考试办法，在研究工作中是行不通的。我的这些想法如果束缚你的思想，那就糟了。最后究竟如何，请照你自己的思路下决心。关键在于研究深度、认识水平。

又，此信可以给李长莉同志一阅，并请转告，她的来信收到了。以前口头上我不止一次讲过，现在必须再次重申：在学术问题上你们要坚持独立思考。对于我写的什么，你们可以同意，更可以尖锐反驳。学术讨论中，得力

---

① 姜涛的博士论文题为《近代中国人口研究》。

的反驳推进科学。泛泛的赞同未必能增加新的价值。所谓得力的反驳，指有理有据，哪怕一枝一节，只要能收到辨讹纠谬之效。至于自己还根本没有弄懂的东西，就大发议论，反驳别人，当然不在此数。学术问题一是一，二是二，不管是对于谁人。我给你们看《侯外庐与马克思主义历史学》，就出于这个意思。不必上下古今了，我们不都读过韩愈的《师说》吗？

敬礼

刘大年

一九八八年三月十二日

二

大年老师：

您好！

三月十五日，喜出望外地接到您的来信。因为信中所述，正是我近日来苦苦思索的问题。近代人口与中国近代历史的发展，这虽是您出的题目，但却是我自己经考虑接受并试图加以探索的。现既已到"地狱的入口处"，也容不得怯懦和犹豫了。人口发展与历史发展，当然有关，但不是那么明显、直接。我曾设想以近代人口问题为线把两者结合起来，即中国近代究竟存在什么样的人口问题，历届政权怎样试图解决这些问题，出现过一些什么样的人口思想，以及政治决策本身又是如何受到人口问题因素制约，等等。现在看来，这种设想，虽于"史"近了一些，但仍很不够。如何进一步解决，我还没完全想好。因此暂时还没能动笔。第一部分准备先写好。以前所设想的一些个案研究（如，人口与太平天国），可能有助于解决这个问题。至于资料的搜集，以前是按近代人口发展的状况，近代人口研究的状况，近代人口思想史，人口政策大事记等分门别类的。现暂仍如此。因材料也就是这些了。关键是理论的指导。如无理论的高屋建瓴式的驾驭，这些素材充其量也只是一盘散沙，或者被以前的那些研究者牵着鼻子走。正如您说过的，同样的材料，用在不同的地方，其所起的作用，往往是很不相同的。只要把立足点真正确立在"如何"或"怎样"上，我想，总是可以理出一个较为满意的线索来。

您给我们看的两篇文章。《说"合力"》以前曾认真看过，并有所心得，这次主要是看了关于侯老的那篇。文中关于侯老重视基本理论的探讨，并始终坚持把研究建筑在历史唯物主义基础上的论述，对我印象很深。确实，这是一种“韧”的追求。如果没有对马克思主义真理性的坚强信念，没有对自己为之毕生奋斗的事业的崇高献身精神，是决不可能做到的。而这正是我们这一代人所需要认真学习、继承的。

吴廷嘉[①]的《“合力”辩》，长莉看后也已转给了我，于是我对“合力”论的最新动向有了进一步的了解。作为一家之言，“合力”论自有其存在价值。但我并不赞成此说，因为它并没有提供人们什么新的东西。所谓“合力”，没有质的规定性，是个模糊不清、捉摸不定的东西。它无非是一种“力”，而力的实质，如破除其神秘的色彩，只是指物质间的相互作用。因此，所谓“合力”，亦只能是组成社会的人们之间相互作用的表现。了解所谓“合力”的关键仍然在于剖析人们的相互关系，而阶级斗争理论正是理清人们的错综复杂的、看来迷离混沌的各种社会关系的一条指导性线索。列宁说过：马克思为了估计历史发展的全部合力，分析了社会关系以及从一个阶级到另一个阶级，从过去到将来的许多过渡阶段的复杂情景。“合力”创造了历史，可是我们为了解开这个“合力”，却又必须回到阶级斗争理论和阶级分析的方法。吴文对所谓“失误”的指摘，实际是对马克思主义创始人阶级斗争理论的一种误解。上述看法，我已和沈大德[②]同志讲了，不知其反应如何？由于现在主要精力是在准备做论文，同时文章草成后也想摆一段时间，“冷处理”一下，消除内应力，所以准备过些日子再呈您一阅。是否发表是另一回事，重要的是自己搞清楚问题，力争“不惑”而已。

我是1949年（已丑年）所生，今年正届“不惑”之年，但在学业上，所惑之处甚多。“惑而不从师，其为惑也，终不解矣”。所以，尚祈老师能拨冗多加指点。敬颂

康祺

学生　姜涛

一九八八年三月十八日

另：来信已给长莉看过。

① 吴廷嘉，时任中国社会科学院近代史研究所副研究员。

② 沈大德，时任《历史研究》编辑。

155 致杜语[①]

(1988年3月20日)

杜语同志：

上次讨论中，我的一些想法不知说清楚没有。再写在这里，便于继续讨论。

一、通商口岸的独特性，在于对外开放。具体地说，是中国封建社会被迫在一定范围内对资本主义世界开放。独特性也就是问题的关键。因此，抓住对外开放这个关键，应该是研究和论述本题的中心思想。所谓中心思想，不言自明，它绝不意味着字面的纠缠、重复，而是要从多方面的讨论中体现出来。历来文章要有中心，同时尽可能枝叶扶疏。好的学术论著也不例外。

二、本题的研究和论述，我觉得要包括下列几个部分（指内容，非章节安排）：

第一部分，提出问题。这一部分叙述前人和当代人对此问题的研究、看法，扼要评价。主要目的，在于提出你认为值得讨论和需加反驳的问题与观点，准备在全文总结中加以论述回答。这样就可以使论文全篇从头到尾一贯下来了。介绍他人研究中的问题时，不仅要指出论点，也要摘引他们的论据，不可曲解。对于你同意的论点、论据，有的可以放在最后对问题的回答中，作为支持你的论点、论据用，不要总是自拉自唱。

第二部分，叙述史实，基本内容就是现有提纲的第二至第四章。你提出通商口岸是“港口城市”，而非“近代化城市”，这个见解很重要。这应该是贯穿全书的见解。两种不同城市是两个不同历史时代的产物。它们的区别是城市性质的区别，亦即社会性质的区别。它们的对外开放是不可混为一谈的。模糊了两者的区别，便会造成谬误。因此，要讲开放，但必须分析事情的实质。现有提纲缺少一项内容，来说明通商口岸以外的情况，例如口岸外面或周边地区的旧式生产、经济落后的状况等。需要加上这项内容，强调说明中国口岸对外开放了，并不等于中国就发展了，或为发展开辟了道路。旧中国

---

① 杜语，时为中国社会科学院研究生院近代史系博士研究生，师从刘大年。杜语的博士论文题目是《近代通商口岸研究》。

的口岸对外开放，和中国的发展、近代化完全不是一回事。旧中国是帝国主义封建主义统治下的半殖民地、殖民地。社会要发展，走上近代化，就一要民族独立，推翻帝国主义的压迫、剥削，二要废除封建统治，最后解放生产力。它们是中国近代历史的全部根据，历史也就是这样走过来的。不要因为讲对外开放，就把事情闹颠倒了。

第三部分，总结或总评，主要是回答第一部分提出的问题，也兼及其他。它们大致是：

（一）通商口岸的两面性——对历史的一个认识。

（二）从横向视角看，旧中国的开放与中国的贫穷落后并存（旧中国的贫穷落后，并非由于没有对外开放，而是由于半殖民地半封建的统治、生产力低下、人民生活贫困……）——对历史的又一个认识。

（三）从纵向视角看——新中国的、当代的对外开放，使中国取得了迅速、巨大的进步。这是由于历史发生了根本性的转折：

民族独立了，中国是在独立自主下开放的；

生产力解放，生产水平空前提高，物质基础不同了；

外界条件也有了很大变化。

旧中国原来的通商口岸、“港口城市”于是变成了中国“现代化城市”，成了中国走向现代化完备的或不完备的基地。这就是旧中国之所以为旧中国，新中国之所以为新中国。

社会主义加开放：中国的发展。

三、通商口岸是一个专门的比较复杂的题目。它与近代经济史有联系，也不同于经济史。我对此毫无知识。上面说的大都是泛泛之谈，隔靴搔痒，可能不着边际。你必须根据自己掌握的事实，加以分析，独立判断，讲自己的见解。对我说的那一些，有几分可取就取几分；了无可取，就彻底干净抛弃之，毫不犹豫。在这里，来不得半点虚假、客气，千万千万。我自己的经验，写一点东西，总要反复推翻前面的想法，然后才能落在纸上。自己认识问题尚且如此，怎么能够想象看了你的提纲讲的一些泛泛之言，就能一概站得住脚！事情可能相反，讲得越具体，情况越会糟糕。总之，科学研究要解除思想束缚，坚持科学态度。谁有研究，谁就有发言权。问题是这种发言权，是要建立在踏实的科学研究基础上的，而不是信手抓来一点什么，就自以为实现了所谓突破之类。当然，别人讲的对自己有启发的意见，必须充分注意，充分汲收。这就在自己的思想水平，认识能力了。“启予者商也”，孔子还重视从他的学生那里得到启发呢！

学术研究的功能在于寻求知识，增加人对世界事物的认识。说来容易做起来难。谁克服的困难多，谁的成绩就大。博士论文如果是攀登科学的起点，希望你在这个起点上打响头一炮！

刘大年

1988 年 3 月 20 日

156　致戴逸[①]等

（1988 年 7 月 27 日）

戴逸同志、李侃同志，请转主席团同志、各位代表同志：

史学界第四次代表大会，将以新老交替、人才辈出载入自己的纪录，值得庆贺。二、三两届我承同志们推举担任主席团成员工作，黾勉从命，无多作为。现在年事已高，想做的事不少，无奈力不从心。干部年轻化为各项事业前进所必需。从工作和本身情况考虑，我决定坚决不再参加本届理事会的一切工作，从现在起，务请不要把我列入理事候选名单里。至恳至要。如果认为史学会与社会科学院保持某种联系，在工作上确有必要，社会科学院较年轻的同志中现有适当人选，不难提名。我不参加史学会的工作了，今后在历史研究工作中，将一如既往，竭尽绵薄。区区微衷，至祈鉴佑。

敬礼

刘大年

一九八八年七月二十七日

---

① 戴逸，时任中国人民大学教授，中国史学会第三届理事会主席团成员。

157 项观奇[1] 来函及复函
（1988 年 9 月 7 日、9 月 20 日、12 月 28 日）

一

尊敬的大年同志：

你好！

一个夏天你身体还好吧，望多保重。

随身带来你送罗梅君[2] 先生的书，但去信汉堡大学和西柏林自由大学，均无回信，故书未送出。望你能找到她的名片，以便有确切地址，将书送去。不过，这倒给了我一个认真阅读你的大作的机会。要说感想，有很多很多，简言之，还是几年前给你信中的那个意思：这是一面旗帜，一面红旗，它代表着中国史学界的马克思主义倾向，它在当代中国史学史上必有其光荣地位。我以为你在这个时候拿出这部著作是很合时宜的。因为现下这种观点、这种倾向的著作太少了，并且不占上风。唯其如此，我才喜欢和支持你的大作。甘泉[3] 同志说得对，未来的历史是属于马克思主义的，未来的历史学也是属于马克思主义的，这是一种立场上、信念上、理论上坚定的表示，是不畏困难的表示。

几年来，对许多“新”理论（其实旧）不以为然，积淤许多愤懑。在国内时，有时想写写，有时又觉得说彻底了难于发表，不说彻底了又颇违心，于是一拖再拖，与先生的战斗精神比，委实惭愧。近日发愿，要把有些想法以散论形式写写，给《光明》或《求是》。

来德后，逐渐与学者有了交往，开拓了眼界。经许多热心朋友建议，我决心申请洪堡基金。这是一高层次研究基金，供世界各国学者用，但 1988 年文科中国竟无一人获得。他们也许有偏见，但我们申请者恐怕确也有不足之处。这次，我想也试一试，争一争。根据他们要求，要求有国内教授推荐。我想请求你写封简单的推荐信（汉语即可，再译为德语），讲一下我现正从

---

① 项观奇，时任山东大学教授。

② 罗梅君，时任德国柏林自由大学教授。

③ 甘泉，即林甘泉，时任中国社会科学院历史研究所所长。

事史学理论工作的意义和学术水平。近年我编著出版过六七种书，史学理论的多送予你，写过二十余篇论文，也多为史学理论方面的。我这次想报“亚细亚生产方式研究”课题，我这方面已发表几篇文章，又是教委“七五”重点项目的独自承担者，现已积累了较完善的资料，既搞关于这一问题的学术史，又发表自己的研究见解。这是我准备研究马克思广义政治经济学计划中的一部分工作。在西德即使不能获基金，我也要为这一课题搜集资料、访问学者。因为是我们的“七五”项目，一定要完成。所以，我决定报这一题目。希望你从奖掖后进的角度为我写几句。当然，我自知自己学术水平尚低，日后一定不断努力，我想，我还有一点进取心、责任心。

耽误了你的时间，谨致谢意。祝

健康

项观奇　敬上

一九八八年九月七日

二

观奇同志：

来函获悉。推荐书与梅、库[①]二博士通讯地址一并寄去。梅、库二君人品极友好，亦有活动能力，可与联系。他邦生活举措非易，诸惟善自拼搏。遥祝成功，顺候

双祺

刘大年

一九八八年九月二十日

三

尊敬的教授先生，亲爱的朋友：

我是中国社会科学院近代史研究所名誉所长（1987年慕尼黑、纽约、伦敦、牛津、巴黎出版的《世界名人大词典》，中华人民共和国第二版 Wolfgang Bartket: Who's Who in the People's Republic of China and Edition Munchen,New York,London,Oxford,Paris 1987上面有关于本人的简单介绍）。1985年8月，我作为出席斯图加特国际历史科学大会中国代表团团长，曾有

---

① 梅，指罗梅君。库，指库夫斯，时任德国图宾根大学东亚研究所教授。

机会访问贵国。钦佩你们在工作中取得的成就。

现在，请允许我向您推荐我的同行项观奇先生申请洪堡基金，来完成一项有意义的研究工作，希望得到教授先生和有关朋友的大力支持。项观奇先生是山东大学历史系教授，从事历史学理论研究有年，编著出版过六七本书和一批论文，以富有创造性研究能力和成绩卓著，受到中国史学界称许。他目前正接受教育部门委托，担任“亚细亚生产方式研究”课题。亚细亚生产方式问题，本世纪在国际范围内几次展开大争论、大辩难，落而复起，至今也没有完全成为过去。对于这样一个有过广泛影响的学术问题，把它弄清楚，以至作出总结——如果能够加以总结的话，无疑很有必要。照我的了解，项观奇先生是从事这项研究的适当人选。洪堡基金会倘能给予支持，他必将有效地实现这个研究任务，给学术界提供新的有水平的研究成果；而且这对于促进国际学术交流、学术合作，肯定是很有益的。

教授先生，请接受我的敬意。谢谢。

刘大年

一九八八年九月二十日　北京

四

尊敬的大年同志：

你好!

值新年到来之际，祝你健康、愉快。

谢谢你及时写了推荐信，现正办理，希望能成功，但也有困难，他们对马克思、马克思主义有偏见，这是可想而知的。

从我在德了解的情况看，战后德国，以及英法等国，主要是社会史学影响较大，在方法上来说，除了社会学方法外，还用比较方法、结构分析方法，但大部分或绝大部分史家仍是传统老办法，考证方法，现在做博士论文的青年，亦一般用此方法。所以概言西方史学方法，亦不是以所谓新方法为主，倒仍是老方法为主，这一点，和国内差不多，只是我们还多一点理论分析，他们更侧重考证。国内倡言新方法者，亦应注意此一点。

罗梅君处我已与之联系，确实很热情，她也向我介绍了一些德国史学战后发展的情况，明年初我如去柏林，还可能见到她。

在这里也常听到国内情况，总起来说，亦在意料之中，每想及此，总觉得列宁甚是：写历史不如做历史。我的想法你也知道，不多写了。祝健康。

观奇　敬上

十二月二十八日

158　致符哲文

（1988年10月10日）

符哲文同志：

大作《勤学》《乡谈》浏览过，《勤学》内容较充实，业经稍加删削，转给了《近代史研究》编辑部。过些时候，如无回音，请直接去函询问。《乡谈》显得单薄。写成一篇简短文字，加以报导，或可为乡邦文献存此一斑。简复。

敬礼。

刘大年

1988年10月10日

159　致季塔连科[①]

（1988年10月27日）

季塔连科教授：

与齐赫文斯基[②]院士相见，得悉近况佳胜。

奉上《刘大年史学论文选集》一部，它的出版是和前年在莫斯科晤谈时，你们的好意提议分不开的。[③]《侯外庐与马克思主义历史学》《一个历史学家

① 季塔连科，时任苏联科学院远东研究所所长。

② 齐赫文斯基，时任苏联科学院院士。

③ 刘大年1991年4月在《刘大年史学论文选集》俄文版序言中说："1986年10月，苏联科学院举办关于孙中山的学术讨论会，中国同行应邀出席。在一次座谈中齐赫文斯基院士、季塔连科教授，要我找一本自己的书译成俄文，介绍给苏联读者。"

的地位》两文，发表于今年春夏间，与论文集里面第四组文章，属于同一类别。同时附去，藉供参阅。顺致

敬意，并祝成功。

刘大年

1988年10月27日

160 致李长莉

（1988年12月19日）

长莉同志：

偶尔见到张树声、邵作舟的资料，可以考虑是否纳入你的论文里面。《张靖达公奏议·临终遗折》讲学习西方不要“遗其体而求其用”，邵作舟认为译书“应以泰西政教义理之书为急”，都超出了“中体西用”圈子。同时又想到曾纪泽对于汲取西方文化也颇有主张。《邵氏危言》肯定应当用。张为大官僚，曾其次。他们的言论即使不归入你的研究范围里，亦应有所交代。

又，你的进度仍需从紧安排，要留出时间准备部分翻工。倘能一气呵成，当然是最好不过了。

敬礼

刘大年

一九八八年十二月十九日

一九八九年

161 致姜涛

（1989年1月6日）

姜涛同志：

来信获悉。知身体欠适，正念正念。望善自调养，早日康健。

论文应该坚持下去。事业不论大小，困难无往而不在。勇于迎接者可期有成，望而却步者必无所就。坚持下去，定有成绩可观。

论文章节看过了，就照现在的样子进行。个别地方如“绪论”中“努力方向”可以改得更明确一些。第五章为难点所在——其他章当然也非容易，不能脱离实际去设想，尽力而为，写出来再说。

学习延长半年，看来势在必行。按照规定要提出客观原因。此事已告知孙思源同志，请同她联系处理。顺祝春节愉快，年年有为。

敬礼。

刘大年

1989年1月6日

162　陈德仁[1]来函及复函
（1989年2月1日、14日、20日）

一

刘大年先生大鉴:

瞬忽一九八九新年二月了！遥祝贵体康健，万事如意！

我们编著中的《孙中山先生大亚洲主义资料集》去年十一月已交出版社印刷中，不久可将校正用初稿交来，其中有先生主编《孙中山书信手迹选》集中所录一九二三年孙中山先生去信犬养毅之手迹，但在日本出版书籍之时，其中欲录其他书籍中已有录之文章或图片、照片等，必须要得到原著者或出版社之同意。因此弟曾驰函奉告并请指教，但因弟疏忽，信中没有写“可以垂允录用否，烦请示下”之意。故可能先生误会无需复信我们也照录用；弟亦以为照录可以，先生不会责难。然主编者安井[2]教授是一甚重礼仪规矩之人，必须要得到刘大年先生之准许才敢录云云。

可料先生是学界泰斗，定必来领教者川流不息，来信领教者当必不少。在这百忙中实在太不好意思烦先生回信。但因日本出书实有上述情形之困难，故回信无须多字，只复一音“来信悉，孙中山先生去信犬养毅之信手迹，可以复影录用”便可。专此拜恳，并颂

文祺

晚　陈德仁　上

二月一日

再者，如有不能允许之时（因世界各国都有特殊的法律或规律，这是要遵守，我们是不会怪的），请示一音云:“因有不可承认之情形请谅之”为感，回信请寄弟之京都宅。

二

德仁先生雅鉴:

---

① 陈德仁，日籍华人，时任日本神户华侨历史博物馆馆长。

② 安井，指安井三吉，时任日本神户大学教授。

大函展读，得知尊处正编纂《孙中山先生大亚洲主义资料集》，且喜且祝。拙编《孙中山书信手迹选》所收一九二三年孙中山致犬养毅函手迹，完全同意你们复制录用，其中所有各件均可根据需要，自行处置。安井先生处烦代为致候，恕未另柬。春日迟迟，即颂

时绥

刘大年

一九八九年二月十四日

三

刘大年先生惠鉴：

本日从神户回京，拜诵华翰，欣悉拜恳之件，蒙千金一诺，即去电话通知安井教授。他亦很高兴，嘱弟代致感谢之意。

该书出版日现在预定本年五月中，页数约 360—400 页，书题虽曰《……大亚细亚主义资料集》，但所载史料繁多，而有附注（安井先生），可能成为研究孙中山先生之一宝贵史料的。一俟出版，首先寄呈先生教正为是。

日本近状可谓大事重重，然世界也不在例外。惟望我祖国早日政经安定，中日文化经济交流更进一步。专此致谢，并颂

时安

陈德仁　上

一九八九年二月二十日

163　白汀来函及复函

（1989 年 3 月 6 日、4 月 3 日、4 月 13 日）

一

大年同志：

您好！

我叫白汀，如果你是当年在冀西办事处工作的那个刘大年的话，我想你是记得我的。自冀西一别，转瞬已有五十年。解放后我曾在报上见过你的名字，1983 年和 1985 年我去北京也曾想去看看你，但因不知你的住处。一些

老战友也不清楚你的情况，所以未能如愿。前些天在《参考消息》上看到你在人大常委会上严厉谴责竹下登的讲话[①]后，我肯定你就是我所认识的历史学家刘大年，所以特写这封信给你，向你问好。

你是人大代表，我作为一个公民有很多话想向你说。如果你真是我在冀西认识的那个刘大年，望给我一纸回音。致

敬礼

白汀

一九八九年三月六日

二

白汀同志：

你好！

真是日月如流，一转眼五十年过去了。没有想到今天能够接到你一封来信，自然高兴。回首往事，历历如昨。邢台那地方后来我倒是多次去过，已经去世的老伴就是在邢台认识的。浆水到临西一路很想再去看看，终未如愿，大概以后也不会如愿了。抗战期间我始终在冀南工作，其间有两年在太行左权[②]养病。解放战争时服从组织，投戎从笔。风雨阴晴，四十多年过去了。子女各已成立，第三代也有三人。当年翩翩年少，今已步履蹒跚，皤皤然老朽矣。但我总觉得此生并未虚度。我和你，还有我们同样经历的人，只要现在晚节未改，初衷尚存，便算无负于时代，也不愧对后人。或许这叫自我感觉良好，但是如果连自己感觉都不良好了，那又怎么说得过去呢！

你的情况我在冀南期间略有所闻，往后就再无音讯了。谨祝多福多寿，欢快强健一如昔时。我现在的名义是中国社会科学院近代史所名誉所长，住在北京复兴门外木樨地24楼508号。再至北京，请来做客。草此数行，权当面叙，并候

近安

刘大年

一九八九年四月三日

---

① 指刘大年1989年2月20日在人大常委会上的发言：《日本当局为什么在侵华战争性质问题上倒退？》，载《人民日报》1989年2月21日。

② 左权，县名，在山西省。

三

大年同志：

你好。

收到回信，很高兴。我们都还活在人间，而且各有不同的坎坷经历（还是五十年代我就在报上见到过对你不公平的批评）。可我们都未虚度年华，今天虽然都已白发苍苍，心里都永远未感到衰老，因为我们的心永远是和祖国、人民联系在一起的。这不值得高兴吗？

木樨地24楼2门1层住着我抗大的班长兰健大姐，1985年我曾去过，她了解我一些情况。去年我本准备再去北京和老战友们聚合一次，可七月我就病了，所以未能如愿。人民日报有我一个最亲密的战友，他叫李克林，老伴是冀西日报的主编，可能你也认识。到时我一定去看望你，但愿你近期不会离开北京。

我现在是一人独居成都，子女均未在身边，也有孙辈三人。若你有机会来川，请来玩。祝永远

健康

白汀

4月13日

164 致刘传贵①

（1989年5月7日、7月7日）

一

刘传贵同志：

县志目录前两个月读到了。序言遵嘱拟出，随函奉上。闭门造车，上路恐难合辙。适合就用，不适合就不用，万勿迁就勉强。一切实事求是，方为有益。需要作哪些修改，望能指出，决不可丝毫客气。烦一再催问，迟到今天才交卷，很对不起。祝你们成功。顺致

① 刘传贵，时为华容县志编委会工作人员。

敬礼

刘大年

一九八九年五月七日

二

刘传贵同志并编委会诸同志：

《华容县志序》稿五月初寄奉，不知已否登览？区区心意，就算有个交代。如无可取，望勿违情凑合，遗误乡邦。再邮一纸，藉供检阅。预祝成功，顺候时绥。

刘大年

1989年7月7日

165　致艾知生[①]

（1989年5月29日）

知生部长同志：

送上辟谣函一件，希望能采取适当办法予以公布，非常感谢。

函件内容如下：

本月22日我在一个建议召开人大常委会紧急会议的征集信上签了名，信的内容是建议召开会议，没有提到任何议程。根据法定程序，个人也不可能确定议程。25日香港《文汇报》刊载，五十几名人大常委签名，要求开会罢免李鹏总理职务，其中有我的名字。我郑重声明，根本不知道此事，特此辟谣。

敬礼

刘大年

一九八九年五月二十九日

① 艾知生，时任国家广播电影电视部部长。

166　致香港《文汇报》

（1989年6月2日）

香港《文汇报》编辑部：

《文汇报》5月25日报导，五十几名人大常委签名，要求开会罢免李鹏总理职务，其中有我的名字。29日我致函中央广播电视部辟谣。广播中讲了信的结语，没有播出全文。贵报5月31日就此事作出说明，并刊载澳门报纸言论对本人滥加指责。现奉上我致广播电视部函的复制件，请全文刊出，证明贵报是如实报导，克尽言责的。

谢谢。

刘大年

一九八九年六月二日

《文汇报》北京记者组：急件并附函一件，烦速转贵报编辑部。谢谢。

167　致曹至

（1989年6月2日）

曹至同志：

送上我致香港《文汇报》编辑部和致艾知生部长函各一件。是否需要转报常委有关领导同志，请酌处。两函并已请同志送《人民日报》总编室，一并奉闻。

敬礼。

刘大年

6月2日

168　致人民日报总编室

（1989年6月2日）

人民日报总编室同志：

送上我致香港《文汇报》编辑部和致艾知生部长函各一件。不知是否可采取适当方式予以公布，谨烦裁夺。

刘大年

1989年6月2日

169　韩一德来函及复函

（1989年7月10日、8月4日、8月19日、8月27日）

一

大年先生：

寄上《战争·科学·人》一书的译稿，请您审阅。

本书是我去年应日本学术振兴会邀请，在日本访问讲学期间，受田中[①]先生之托翻译的。田中先生在自序中写明，这本书是献给大年先生的，今我受田中先生之托，征求先生的意见，同时如果先生能为本书赐以宝贵的序言，我们将更加感激。

本书初定于黑龙江人民出版社出版，敬候先生的指教。

（我的情况略介绍如下：辽宁师范大学（大连市）历史系教授，1960年毕业于中国人民大学历史系，何干之的弟子，从事中国现代史、现代思想史的教学和研究。）

此致

夏祺

韩一德

七月十日

① 田中，指田中正俊，《战争·科学·人》（黑龙江人民出版社1990年版）一书的作者。

二

一德同志：

田中教授这部书见解卓越。你把它译出来是做了一项有价值的工作。我拟一短稿[①]，略作介绍，请予批评。是否作为《叙》或什么也不作，怎么方便就怎么处理。短稿附去，顺致

敬礼

（打印稿有错字。三页“西河执礼”误为“挑”，“歉意”误为“谦”。）

刘大年

一九八九年八月四日

三

韩一德先生：

田中正俊教授著作小序，曾于本月初寄往贵处，计当已达青览。《近代史研究》准备发表，业经付排。刊物上需要载明译者和出版单位。如无不便，请即来信告知。

敬礼

刘大年

1989年8月19日

四

大年先生：

8月19日来函获悉。

在此之前收到先生为《战争 · 科学 · 人》一书作的序，我即转寄田中先生，目前接到回函，表示得到先生的序文，是他意外的喜悦和特殊的光荣，并感谢对他个人的评价。在此我们一同表示对先生的深深谢意。

（有一个小小的订正：序文后部“曾以一个十八岁青年被作为‘学徒兵’驱赶上战场”，“十八岁”应为“二十一岁”。）

本书已经决定由黑龙江人民出版社出版，一旦田中先生审阅的译稿寄回最后订定，即送出版社，约在9月底10月初即可付排。

我个人的情况，系女性，1934年生，1960年毕业于中国人民大学历史

---

① 指刘大年为《战争 · 科学 · 人》作的序文《固守真理者》。

系，是李新、何干之的学生。毕业后留校任教。“文化大革命”后在河北省社科院历史所一直从事中国现代史和李大钊的研究。1987 年调到大连市辽宁师大。主要著作有《李大钊年谱》（1984 年甘肃人民出版社）、《李大钊生平纪年》（1987 年黑龙江出版社）；主编《李大钊研究论文集》和《李大钊史学论集》。即将出版的书有：北京大学出版社《李大钊史事综录》。我曾于 1983 年出席在京西宾馆召开的中国史学会代表会，提供的论文是《李大钊与中国马克思主义史学》，在那次会上聆听先生的报告。一向尊敬先生的学问人品，今后尚请多多指教。此致

敬礼！

韩一德

1989 年 8 月 27 日

170 马宾[①] 来函及复函

（1989 年 8 月 20 日、30 日）

一

大年同志：

澳行别后，迄未有机会聆教。

现我在研究我国今后四十年国民经济发展战略规划和经济体制改革总体设计。为此，要以认清基本国情为基础，其中包括人口问题、自然资源、生态环境、经济状况，还有国际环境和历史背景。希望你为我介绍若干近代史论著和文献资料（目录），学习一点中国近代史，对我也是社会主义教育所必需。想不至于太麻烦吧。

敬礼！

马宾

一九八九年八月廿日

---

① 马宾，时任国务院经济技术社会发展研究中心顾问。

二

马宾同志：

见手示，多次打电话，一直不通。近代史方面的出版物不少，要找适合需要的，并非信手可以拈来。另纸列举几种，聊以塞责。

我这里有位博士研究生写的《近代中国人口研究》书稿[①]，资料丰富，对您或者有些用处。奉上一部。稿子尚未发表，请暂为保存。顺候时绥。并致
敬礼

刘大年

一九八九年八月三十日

171　致冯至[②]及复函

（1989年11月12日、11月24日、12月5日）

一

冯至同志：

电话中短叙，得知尊体日臻康泰，甚以为慰。

陈上打油诗数首，烦严加批评驳正。诗要有警句，这里是绝对没有的。自己觉得与其算作诗，倒不如说是一篇东扯西拉的杂文。

事情还不止于此，第四首八庚韵插进了一个十一真的“人”字，违反诗家规矩，未知能否从前人论述中找到相关的解释。早年听一位不算三家村圣人的老秀才言，近体诗用异韵，看用在诗的哪个部位，分别叫做“孤雁入群，孤雁横参，孤雁出群”，不知此说出自何处，或者仅仅是前人的口耳相传。制艺家崇尚墨守，又似乎不容有此通融余地。《瀛奎律髓》等书对此类问题或者有所涉及，我手中无书，眼下也没有时间去查找，查了也可能毫不相干。我主张写诗既然采用古典的形式，就应当遵守那种形式的规矩。现在自己不遵守，虽然是打油，也无以自圆其说。流传出去，害人害己，于心难安。当

① 指姜涛的博士论文《近代中国人口研究》。

② 冯至，时任中国社会科学院外国文学研究所研究员。

然，即使处处合乎格律、韵书了，是否叫做“诗”，那完全是另外一回事。

《精华录》[①] 名实相符。上卷全部读完了，下卷也看了若干篇，获益甚多。杜甫研究诸篇叠见精彩。《长安十载》把人和环境都写活了，就像在讲一个老朋友的故事，而且仿佛自己也身历其境。《夔府孤城》似稍逊于前节。杜甫生活范围这时日见狭窄，创作高潮随之趋向减退，《秋兴八首》等本非以写现实生活受人重视，近世选家如《唐宋诗举要》亦不予选录。著之于书，大概也只能如此。各篇充分评价诗人脍炙人口的不朽之作，同时也指出了那些反映庸俗生活的作品粗浅乏味。一切实事求是。回想郭老论述杜甫，评判不无偏颇，令人惋惜。《论历史的教训》使我深深感到事理剖析入里，确立不移，又体现了时代要求。二千余字的精悍文章，不知胜过多少篇煌煌万言书也。可惜光阴过去了快半个世纪，我们有一段时间也把马克思主义挂在口头上，不少人至今并不真正理解历史研究如何成为科学这个道理。以“精华”名集，不自现在始。《渔洋山人精华录》即为一例，不过那主要在宣传一种不可捉摸的被当时人批评为“诗中无人”的论诗主张。尊著是抱着极大的社会责任心写出来的，这是最重要，最值得珍贵的地方。

顺便说一句，《丛书》[②] 中某公的大作，也堂皇排在《精华》之列，恕在下不敢恭维。拙集中收有一文，尝论其事。学术问题一是一，二是二，我不愿隐瞒自己的观点。

门外文谈，无足轻重，零星感想，说说罢了。请在不妨害休息条件下，指点一二。

敬礼

刘大年

一九八九年十一月十二日

二

大年同志：

再奉上一本不像样子的东西请教。此书于出院后才拿到，大都是没有出息的回忆文章。

关于夏世钦《槐轩论诗法》中“盖首句出韵，名为孤雁入群；末句出韵，

---

① 指《冯至学术精华录》，北京师范学院出版社 1988 年版。

② 指《中国当代社会科学名家自选学术精华丛书》，北京师范学院出版社 1988 年版。

名为孤雁出群”句，是我从《汉语成语大词典》（河南人民出版社版）查出来的。至于“孤雁横参”可能是词典引用省略了。您找到《论诗法》原书否？

《见说四首》[①]写得很好，我读后觉得很痛快。现在思想界的确相当混乱，不是“崇外”就是“泥古”，需要澄清。顺祝
健康！

冯至

1989年11月24日

三

冯至同志：

夏世钦的著作有《槐轩千家诗注解》，找遍全城，没能觅见。《槐轩论诗法》烦任继愈[②]同志代请北图专家查找，也无踪影。幸得继愈启示，翻看《千家诗注解》，终于把事情弄清楚了。

《槐轩千家诗注解》上、下两编，附册一编，款署“怀宁睡儿夏世钦衡瞻氏订”，光绪己亥年“新刊本”，古香阁藏版。卷首有谢正洵眉士雍正十二年叙，说“夏子衡瞻文章名宿，理学弘通。以己酉岁馆予舍者，凡经三四载”。列举的诗大约一二十首，没有细数。书名也不统一，叫《槐轩千家诗注解》，又称《槐轩名家诗解》，上编有“论平仄”“论绝句”“论律诗”“论韵”各条，下编则为唐宋诗若干首的解说。上编“论韵”中有这样一段话：

> 诗首尾出韵者为借韵，或可见于首尾，中间决不可出韵。即首尾出韵亦不可并行。盖首句出韵名为孤雁入群，末句出韵名为孤雁出群。若首句出韵末句复出韵，则雁无方入群即出群之理也。以上论韵数条，特自绝与律有之者。风歌行皆不在此论。

这就是所谓《论诗法》的来历了。

谢正洵的序写于雍正年间，光绪年间又有“新刊本”，足见“孤雁”说也是流行的，而且肯定夏氏非首创者，他不过在叙述前人的说法。文中的

---

①《见说四首》，指刘大年1989年11月21日在《人民日报》发表的四首诗。

② 任继愈，时任北京图书馆馆长。

"盖……"云云，即含此意。现在的问题是"横参"在这里没有落实。何以"入群""出群"均可，惟独"横参"不可，书上没有讲任何道理。入群、出群既然证实了是有来历的，"横参"被视为同等的一格，也必有其来历。文献足征方能取信，此说如今有献无文，可以认为疑信参半。

鲁迅、郭老某些旧诗是否合乎格律的问题，我以为应当分别而论。鲁迅"人沦言尘""华书多陀"并用，郭诗"身人伸民亲""堆危回惟魁"并用，他们又共同"时丝旗诗衣"并用，其中有可以从"出群"法解释的，有可以从"横参"法解释的，又有参入的不止"孤雁"，乃是"双雁"，没有什么说法能够管得住的。对于后面这种情形，我们只能认为关键在诗意，而不在其他。不过我还是想说，格律不是旧诗，但旧诗应当遵守格律。鲁迅、郭老的"双雁"之类，不足为废弃格律的旧诗辩解。

查书结果，知注奉闻，即候

近安

刘大年

一九八九年十二月五日

172　致胡乔木[①]及复函

（1989年12月12日，1990年2月20日、3月10日）

一

乔木同志：

最近同白介夫[②]同志和其他同志一起，草拟出了给中央的报告等三个文字稿，并设想了一下主席团、基金会的两个名单草案，一并送上，请予以查阅修改。基金会名单中香港何人参加尚须斟酌。理事会的名单我们想可以广泛一些，不必经中央批准，待下回再提出。

介夫同志精力充沛，情况熟悉，是承担研究会实际工作的最适合人选。

---

① 胡乔木，时任中共中央顾问委员会常务委员。

② 白介夫，时任北京市政协主席。

因此我有个想法，秘书长不妨有两位，吕老[①]参加主席团兼秘书长，介夫同时也任秘书长，便于活动，开展工作。我做理事会成员就行了，不需要其他名义，实事求是。

研究会明年一月成立，看来太仓促了，预定在二月间比较从容一点。往下的工作，是否等中央批准报告以后，您找有关同志谈一次，然后进行。

又，上次说的小诗“人”字出韵一事，早年听老辈口述，近体诗出韵，有“孤雁入群，孤雁横参，孤雁出群”的说法，但不知根据何在。为此请教冯至同志，承他告知，清人夏世钦《槐轩论诗法》有此记载，但系见于某辞书，未经查实。我查过夏书后给冯至同志写了一封信[②]，附上供参考。十二月十一日《光明日报》发表胡昭衡同志的文章，似引小诗为同调。前此听说《诗刊》编辑也有同志主张小诗在他们的刊物上刊载云云。不过我想这只不过是反应的一种罢了。

敬礼

刘大年

十二月十二日

二

大年同志：

去年十二月十二日和今年二月十九日两信均收到。十二月的信没有回，因为当时正值神经衰弱旧疾复发（主要表现为疲劳），希望过些时好些再面商。不想此次病情近日不但没有好转，反而更见加重，看来不大可能再恢复到去年谈论此事时的健康水平。明天要住院（与此病无关，动个小手术），只好先回此信。

（一）成立抗日战争史研究会和基金会的建议不能由我个人提出，似只能由社会科学院党组提出。此事原则上是否可行，请先与郁文[③]、胡绳同志一商。（由于目前国内外形势，研究会、基金会这类组织，中央现在能否同意亦是问题。）如获同意，再考虑报告如何写法。现在的稿子似觉冗长了一些。调查日军暴行一事在国际上已有多人进行，中国自应积极进行。而为了

① 吕老，指吕正操，曾任全国政协副主席。

② 指 1989 年 12 月 5 日刘大年致冯至函。

③ 郁文，时任中国社会科学院党委书记、副院长。

调查所以需要征集基金，这个道理似乎看不清楚。

（二）我由于健康状况对有关事项现已积极不起来，谈话写信现都很感吃力，故坚决不想再在研究会尤其基金会中列名或实际参与。我希望胡绳同志能任会长并在实际上起牵头作用，他以社科院院长和政协副主席身份发起名正言顺。此外，我现在认为基金会名单也不需要那么多的人，如果实际上能成立的话。这里说的都是大实话。自己提出倡议自己打退堂鼓确实很难堪，但实情如此，别无良策。万望鉴原。

敬礼

胡乔木

二月二十日

三

胡绳、郁文同志：

送上乔木同志倡议组建抗日战争史研究会的来信，和我同白介夫同志原拟的给中央的《报告》稿。乔木同志对他原来的设想有了修改，主张由社会科学院来出面组织推动。我觉得他的意见可行，具体办法要重新研究，请考虑决定。我给乔木、冯至同志的信各一件，一并附去。如果约人先谈谈，需要的话，我可以参加。又，白介夫同志对此热心，也有一些想法。

敬礼

刘大年

一九九〇年三月十日

四

吕老：

您好。

乔木同志信一件，转上请一阅。抗日战争史的研究需要采取措施加以推动，我对此确信不疑。乔木同志现在略为修改了他的主意，要按照上次谈话的设想去做，显已碍难行通。我在找有关同志商量，俟有头绪，当即奉闻。

敬礼

刘大年

一九九〇年三月十日

一九九〇年

173　致井上清及复函

（1990 年 1 月 25 日、2 月 13 日）

一

井上清先生左右：

中国旧历新年又届，佳节思念老友。李薇、张允侯[①]诸君先后从京都归来，得知康健如昔，阖府清泰，至为欣慰。

胡绳先生邀请大驾来访，何时成行，不知已否确定。近代史研究所为庆祝建所四十周年，准备举行一次题为“近代中国与世界”的学术讨论会，时间定在今年八月间，决定邀请您出席。前者和后者不知哪个时间在尊处较为方便。如果参加近代史所学术讨论会，可以偕同夫人于七月中旬启航。文章不必写，来了以后，先找个地方休息静养一下。我目前右足因外伤引起疾病，正在治疗。那时只要行动无碍，一定陪同你们一起走走。张文阁先生等前往拜访，请就便商酌，并予指点。

话题不止一端，等着见面畅叙，即候老友并井上夫人

大安

刘大年

一九九〇年一月二十五日　晚

二

亲爱的老友刘大年先生：

---

① 李薇，时任中国社会科学院外事局副处长。张允侯，时任中国社会科学院近代史研究所研究员。

2月5日外事局长张文阁到京都时，带来了先生1月25日的信函。先生脚伤恢复得怎样，祝早日康复。

中国社会科学院近代史研究所建所40周年学术讨论会的邀请书已收悉，非常感谢。大致准备参加。

还有先生信中说，在学术讨论会之前的7月中旬邀请我的妻子陪同我一道访问贵所，对于先生很亲切的关怀，深表感谢。但是很遗憾的是，妻子因家中有事需要在京都看家，所以只好让我一个人去参加。我去北京的时间定于学术讨论会前的十天或两周，您看如何。根据先生的情况再来决定吧。学术讨论会的日程定下来之后，再商定我出发与返国的日程。请一定将讨论会的日程告知。

祝先生的脚伤早日痊愈，祝近代史研究所建所40周年纪念学术讨论会取得优秀的学术成果。

井上清

一九九〇年二月十三日

174　致徐乐天及复函

（1990年2月）

一

徐老：

您好。

有事求教，几次至协和门诊部六楼预约您的专家门诊，护士同志多次打电话，没有能够联系上。四年前我右脚趾碰上石头受伤，引起右腿病变。安贞医院汪忠镐大夫诊断为足背血管A硬化性闭塞。现在血流量不足左腿的一半，膝盖以下冷痛麻硬，走路越来越困难。看遍中西医院，均无效果。二月五日《市场报》刊载济宁张兴惠大夫治血管病的事迹，并有您的评价。

我想恳请您示知：一、报载是否属实；二、我的病是否值得向张大夫求治。打扰之处，请予原谅。《市场报》一并奉上，多谢多谢，即颂大安。

刘大年

二

刘老：

您好！虽然我不是学历史的，但对您的著作、文章和社会活动是比较熟悉的。有幸您来信，当竭诚答复！去年十一月我确为济宁市张兴惠作了一次鉴定，他对各种脉管炎都治，采用综合方法，外用内服，从治疗的那些病人反映是有效，他在北京有一个“点”接受病人，您不妨先给他去一信，谈谈。他不断来京，也可以找他看看！

我们六楼门诊可能难找人，您如再来医院有事顺便可以到住院楼，即旧楼，二层外科办公室，很容易找到我，不过我对脉管炎并不十分内行。

敬礼。

徐乐天

90 年 2 月 19 日

175　致张兴惠

（1990 年 2 月 25 日）

张兴惠大夫同志：

你好。从《市场报》见到贵处治疗血管的消息，又承徐乐天大夫告知一些具体情况，非常高兴。我四年多以前，右足大趾被石头碰伤，引起右脚病变，诊断为右足背血管 A 硬化性阻滞。北京中西医院看过多家，没有效果。现在右脚底部血液保持循环，足背无脉。膝盖以下颜色发暗，凉麻通胀，肌肉变形。走路越来越困难。徐大夫说，你在北京有一个“点”。我希望得到你的帮助，想知道：一、是否可以就在北京“点”上治疗，和什么时候能够就诊；二、如果去济宁，头一个疗程大概要多长时间，你们研究所可能没有病床，我需要先联系住的地方等。此外你们有何建议、要求，我当照办。请一并赐复，非常感谢。

敬礼。

刘大年

1990 年 2 月 25 日

176　致某编辑组

（1990年3月8日）

编辑组同志：

寄去你们要的资料，系旧稿，供查阅。《中国近代史稿》计划出五册，现在出了一、二、三册，虽不全，线索尚属明了，一些说法也算一贯，似有可供参考之处。

敬礼。

刘大年

1990年3月8日

177　致何培金[①]

（1990年5月20日）

何培金同志：

月初来函获悉。写《岳阳楼志》序言的事，不克如命。我手头杂事堆积，精力当然也不济，计划内的研究工作久已搁笔，其他更无暇顾及了。志书和任何其他的书一样，其价值如何，只取决于本身的质量，而不取决于别人写的序言、推荐之类。即使是很有本领的人写的序言，也是如此，何况我非其选也。志书开头有个简单明了的说明，交代编书宗旨、体例、经过等，对于读者是不可缺少的。近来有些出版物内容平平，乃至很差，序言却照例吹擂一番，无实事求是之意，有哗众取宠之心，总觉乏味。岳阳楼自有佳胜，足资景慕，历历道来，便是杰构。增实不实，反成赘累。倘若此书非有一序不足以餍读者雅望，那么你们自己下功夫去写，一定能够取得圆满的结果，因为没有能够编书而不能写序的。当然关键还是在全书的质量上打主意，做文章。我怀着了解家乡文化的过去和现在的热烈的心愿，等着阅读你们的志书。这决不是一句套话，所谓的乐观其成。

---

① 何培金，时为湖南省岳阳市市志办工作人员。

敬礼

刘大年

一九九〇年五月二十日

178　致朱英[①]

（1990年5月25日）

朱英同志：

前已复信，同意你们编的文集收录《论……性质》第二节。从5月22日来信看，似乎那个复信你们尚未见到。此是小事，不必来回变动了。出版这类书不容易，办成就好。

敬礼。

刘大年

5月25日

179　致李炳勇

（1990年5月28日）

李炳勇同志：

这次考试未能如愿，大可不必看得那么严重。答卷固然反映一定水平，但常常存在偶然性。况且学位称号从来也不能与有无学问或学问大小划等号。导师当然有高明的，但我知道自己并不能排列在那里面。你已经打下相当基础，坚持必能取得可观成就。与其把这次考试看做某种失败，不如把它认真看做是对自己的督促、提醒，乃至比做悬梁刺股之类，更加有益，以为如何？简复。

敬礼

刘大年

一九九〇年五月二十八日

---

① 朱英，时任华中师范大学副教授。

180　冯乐权来函及复函

（1990年6月10日、9月22日）

一

刘大年同志：

你好！首先请你原谅如此冒昧地给你写信。但是我十分相信你能给我诸多认识上的帮助。

前一个时期，意识形态存在着否定马克思主义，怀疑社会主义道路的混乱，一些看似新鲜、好像颇具说服力的思想方法充斥了一些书刊杂志。过分宣扬自我价值，鼓吹个人享受。一向崇尚马克思主义哲学的我因此而迷惑过。

去年春夏之交的动乱结束后，我在图书馆阅览室中偶尔翻了翻《求是》杂志，并很快地迷上了它。此后我尽量看《瞭望》《求是》，因为我发现这对于我如何看待社会，看待国际环境很重要。学习马克思主义是提高国民素质的一项措施，但是马克思主义理论学习起来并不十分容易，非下功夫学不可。如果不理论与实际相结合也学不好。

读了刊登在1989年第24期《求是》杂志上的《说历史的选择》一文，我心里豁然开朗。因为该文写得通俗易懂，用马克思主义哲学观点解决了现实问题，因而，为我在实践中运用和发展马克思主义认识论和辩证法提供珍贵的范例，提高了我全面地、科学地、历史地看待问题解决问题的能力。

我是怀着十分激动的心情给你写这封信的。我本人是一名大学生，在甘肃农业大学农机系就读，有自立能力后，一直十分喜欢看有关社会科学的文章。进入大学后，有了图书馆提供的方便，使我接触了很多马克思主义的哲学书籍，长了不少见识。但由于没有指导老师，水平提高很慢，从杂志上认识你后，十分仰慕，产生了一个天大的妄想，那就是想请你做我的恩师，闲暇时能不吝赐教，便是我莫大的幸福。此致敬礼。并祝

著安

学生　冯乐权

一九九〇年六月十日

二

冯乐权同志：

六月间热情的来信见到了。信上说，前一个时期，一些看似新鲜、好像颇有说服力的议论充满报刊，你本来崇尚马克思主义哲学，读了那些东西，也受到过迷惑等等，这说明你的认识提高了。可喜可贺。你以缺少指导老师为苦，这是可以理解的。不过照我看，指导老师有时能够起些作用，但作用有限。关键在于自己下功夫，多读马克思主义理论书，并联系实际加以思考。马克思主义创始人的著作很多，各人应根据自己的需要选择重点。恩格斯《反杜林论》《家庭私有财产及国家之起源》，列宁《国家与革命》等，我觉得是应该重点钻研的。客观真理不会随着人们的认识改变而改变，但会随着人们的认识丰富而丰富，而发挥出新的力量。知识常新，真理也就常新。指导老师有高明的，我不足以语此。迟复

敬礼。

刘大年

一九九〇年九月廿二日

181　致贺敬之[1]

（1990年7月4日）

敬之同志：

我的家乡湖南华容县是老革命根据地之一。位置偏僻，文化落后。县里同志想建立一个小型图书馆，总因经费欠缺，经久未能实现。不知文化部在这方面有无优惠办法可供援引，加以资助？华容图书馆负责人陈晓泉同志前往晋谒请示。倘能由有关同志给予指点，使事情赖此一举办成，不胜感谢之至。

敬礼

刘大年

一九九〇年七月四日

---

①贺敬之，时任中共中央宣传部副部长，文化部代理部长。

182　刘晓来函及复函

（1990年8月、9月）

一

刘大年先生：

您好。八八年岁首曾与父亲刘公武到贵府拜访，亲见您二老畅谈故乡往事，至今历历在目。然八八年秋公武先生不幸去世，一晃近二年了。华容县政协二年来收集整理了大量资料，编辑了一本关于刘公武先生的书，已报请中国文史出版社出版，定于九月底稿件送审，约定年底成书。

为提高书的知名度，想请您为书题词。书名暂定为："我们都是爱国者"。全书主题是爱国，您的题词请自定。

如您首肯，可否将题词于九月二十日前寄来。

向您表示深深的谢意。即颂

夏安。

刘公武先生的儿子　刘晓

90年8月29日

二

刘晓同志：

惊闻令尊辞世，不胜悼念。桑梓圣达，又少一人。遵嘱寄去纪念册献词，有无可取，一切从方便处理。祝书册早日行世，并当先睹为快。

敬礼

1990年9月

附题字：桑梓风流　湖湘文献

183　致胡乔木、李鹏

（1990年10月15日）

一

乔木同志：

办刊物[①]的费用社会科学院无法解决。我和介夫[②]同志给您和李鹏同志写了一封信，现送上。如无不妥，请加几句话转给李鹏同志，多少有一点钱以后，酝酿了两年的研究会[③]就终于可以活动起来了。

由您担任名誉会长，我们觉得同时也设名誉理事，这样，学会可以更有影响些。名单草案见另纸，请考虑，加以增减。已与介夫同志达成协议，我遵命暂居会长名义，介夫担任执行会长兼基金会会长。理事待与学术界协商产生。学会名叫“抗日战争研究学会”，刊物就叫《抗日战争研究》，明年下半年发刊。争取今年十二月把研究会成立起来，并筹备明年的讨论会。当否，请示复。

敬礼

刘大年

一九九〇年十月十五日

二

乔木同志并转李鹏同志：

关于成立一个民间的抗日战争史研究学会来推动抗日战争研究的事，我们和有关同志讨论了几次。大家认为现在应该赶紧行动起来，实在不可以再拖延下去了。乔木同志答应担任研究会名誉会长，大家很受鼓舞。我们争取在今年年底建立学会组织，开始工作。明年计划做两件事：一、开一个“九一八”六十周年国际学术讨论会；二、出一个刊物，发表成果，推动研究。学会开办和经常费用我们去设法募集，明年开讨论会与办刊物，马上需要一笔钱，想提请李鹏总理批准，由财政部拨人民币七十万元，给予补助

① 指《抗日战争研究》，由中国社会科学院近代史研究所主持编辑，1991年创刊。

② 介夫，即白介夫。

③ 研究会，指中国抗日战争史学会。

（不久前许立群[1]同志主持的《真理的追求》就是由财政部拨给三十万元得以办成的）。二十万元开讨论会，五十万元维持刊物出版。

抗日战争的研究不仅有重要的学术意义，更有重大的现实意义。抗日战争是中国近代历史，也是我党历史的一个重大的转折。它的胜利，准备了新中国与旧中国的决战，加速了中国走进社会主义。抗日战争体现了中华民族空前的爱国觉醒。我们要宏扬爱国主义，那段历史是极为宝贵的教材。抗日战争是全民族的战争，开展这项研究，对于做好台湾和海外华人的工作，增强向心力，十分有利。历史的教训更需要牢记。半个多世纪过去了，日本国内的旧势力仍然坚持军国主义思想，企图为日本帝国主义侵略中国和亚洲翻案。日本由经济大国走向军事大国，步伐在明显地加紧。我们主张中日两国人民世世代代友好下去，但不能忘记历史的经验教训。台湾和海外学术界也重视这方面的工作。海外华人出有专门刊物，开展日军侵华罪行调查。他们多次来信，对我们没有组织起来与他们联系协作，表示不满。今年八月在香港举行的一次中日关系国际讨论会中，台湾学者提出，一九九二年两岸共同召开卢沟桥事变五十五周年学术讨论会，经费由他们申请蒋经国交流基金解决。这是对我们的挑战。凡此种种，都要求我们把抗战史的研究认真开展起来，愈快愈好。我们这些当初投身抗日战场的青年，今已白发苍苍。回顾那段历史，深感自己应该抓紧时间，尽一分责任。

目前国家财政很紧，大家充分理解。在推动抗日战争研究这样的事情上少量花一点钱，支持一下，是有充分理由的。我们一经得到批准拨款补助的通知，便可着手筹备明年的讨论会和安排刊物出版的具体工作。学会理事会章程、名单将尽快提出，向乔木同志汇报，并办理登记手续等事宜。

敬礼

刘大年　白介夫

一九九〇年十月十五日

① 许立群，时任中国社会科学院哲学研究所所长。

184　致某编委会

（1990年12月10日）

编委会同志：

基金会第六次会议决定的选题很好，我都同意。感谢您们做了极好的工作。唯第十项《史实考》从“内容提要”来看，似过于琐碎，不足以与前列各书并驾。此类题目可以人异其说，即使考清楚了，也不一定能对太平天国增加新的了解。这多少涉及一个基金会提倡什么的问题。如果全书有重要内容，当然也是好的。

敬礼。

刘大年

1990年12月10日

一九九一年

185　致成晓军[①]

（1991年2月6日）

成晓军同志：

题写书名的事，恕未照办。我有一个小小意愿：不在别人的著作上胡乱涂鸦，多年来只给自己的集子写过一行字，其他一概以意愿相告，幸而邀得同志们的谅解。此番无非遵守向例，重违厚意了。一部著作的价值从来不取决于别人是否署写了书名或其他什么，而只取决于他的内容和水平。即使确有权威的人写了什么，事情也还是那样。希望你的书能够用自己的水平来引起读者的兴趣和重视，我想你应该是可以办得到的。

敬礼

刘大年

一九九一年二月六日

186　致近代史研究所学术委员会

（1991年3月9日）

张海鹏[②]同志在学术研究工作中一贯表现出了他对历史研究要以马克思主义为指导的深刻认识，具有很强的社会责任感。关于前一条，表现在他参与修改《近代史稿》第四册书稿与自己写的学术论文上。毛泽东同志讲的这

---

① 成晓军，时任湘潭大学历史系教师。

② 张海鹏，时任中国社会科学院近代史研究所副所长。

个近代史的“两个过程”，是对近代中国社会生产力与生产关系状况的扼要概括，是以中国社会经济基础为前提的，没有片面简单的地方。近年出现的“突破”论，打着改革、再认识的旗号，主张洋务——维新——革命为近代中国主线。张海鹏认为“两个过程”说没有错。但受到一些人的反对，多所指责。张写文章辩论，没有退缩。这本来是一个可以讨论的问题，但要顶住一时近乎一面倒的情况。关于后一条，在他评论别人的文稿、处理所里有关问题时态度鲜明。对待所里某同志写的《蒋介石传》上的错误，是一个例子。他主张此书不能发行。这需要明确的观点，也需要有社会责任心。前几年学术界反驳马克思主义，反驳毛泽东同志的基本观点成为时尚。张海鹏坚持自己的看法，毫无动摇。在评价他的成绩时，对于这些方面，我以为是放在首位的。

刘大年

1991 年 3 月 9 日

187　致初开

（1991 年 3 月 30 日）

初开同志：

《人民日报》编者转来大作，我和他们都认为不应发表，因为事情细微，没有必要宣传。原件寄还。从来稿看，思路清晰，文字顺畅，题目也好。我想你坚持下去，必大有成绩。

又据协民纺织厂卢崇兰同志告知，三尉镇[①] 教育志编者同志要我写个书名，现在草就，一并邮去，请代为转交。不用最好。

敬礼。

刘大年

1991 年 3 月 30 日

---

① 指刘大年的家乡湖南省华容县三尉寺镇。

188　致袁庭栋[1]

（1991年4月15日）

袁庭栋同志：

贵社三月间约稿来信奉悉。

你们准备出版《学术自传丛书》，是一项很好的计划。重要的是要立有标准，自显门楣，以见重于学界。重量不重质，势必至于质量而两失之。善始善终，孰非易事。

倘若你们不嫌滥竽，我不妨试试看。文稿大概要在明年第一季度草出，争取提出。字数恐也难以限于十万，须有宽假。不过这是现在的想法，甚至于差不多冒叫一声。手头杂事尘积，究竟怎样，写出以后才能算数。不知你们以为如何？

敬礼。

刘大年

一九九一年四月十五日

189　薛衔天、嵇辽拉[2]来函及复函

（1991年4月、5月、10月）

一

大年同志：

您好。

今天到远东所将您的“简历”面交该所嵇辽拉教授（俄文名为列·谢·贝列罗莫夫），他很高兴，一再请我转达对您的谢意。

---

① 袁庭栋，时任巴蜀书社编辑。

② 薛衔天，时任中国社会科学院近代史研究所副研究员。嵇辽拉，即列奥那尔得·谢尔盖耶维奇·贝列罗莫夫，嵇辽拉是其汉文名字，时任苏联科学院远东研究所研究员。

嵇贝[①]根据齐赫文斯基[②]和季塔连科（远东所所长）的委托选编您的文集，现俄文译稿已送交出版社，他正赶写《前言》，急需关于您的生平资料。他得到了您自己写的小传，自然非常高兴，当即给出版社打电话，告诉这一消息。出版社的责任编辑又提出新的要求，请您再写一个简短的《致苏联读者》。我想您会满足他们的要求，即表示代为联系。同时向他们建议，请您亲笔题名，或写一个题签，并要求出版社告诉我初步的封面设计。

衔天

二

大年同志：

上次我提到的要写的短文，四月初才从北图复印来有关材料。现写个初稿，可能长了，又不伦不类。希您能看，直接往稿子上删改。收入译本的两篇文章《侯外庐与马克思主义历史科学》《一位学者——史学家的地位》没查到中文原文，可能有错，请您改正。

写这篇稿子时，对嵇辽拉的《前言》随手译了一半。但后来译不下去了。因为这篇《前言》写得实在不好。他在《前言》中称：他不作内容介绍，只告诉苏联读者如何进入研究领域，使他们知道哪些是历史遗产，哪些是正在解决和将要解决的问题。但实际上他什么都没告诉读者，通篇大谈中国文化传统，儒家、法家，连赵武灵王胡服骑射都上来了。《前言》后半截就没有译。据说，《前言》原来是别人写的（不知是齐赫文斯基，还是季塔连科）。可能是因为贝氏牢骚太多，改由他写《前言》了。这些都不便于写入文章内，仅供您知道有这一情况。

衔天

1991 年 4 月 21 日

三

衔天同志：

照来函所述，拟就《致苏联读者》，又致嵇辽拉教授一函，烦一并转送。

---

① 嵇贝，指嵇辽拉。

② 齐赫文斯基，俄罗斯科学院院士。

再，《致苏联读者》中提到阿列克谢耶夫院士翻译《史记》等书，系凭记忆写的，未及查对。请代查一下，如不对，即换一书名。非常感谢。

敬礼!

刘大年

一九九一年四月二十九日

附：

致苏联读者

朋友们面前的这本小书，是我在不同时间里写的几篇文章的集结。1986年10月，苏联科学院举办关于孙中山的学术讨论会，中国同行应邀出席。在一次座谈中齐赫文斯基院士、季塔连科教授，要我找一本自己的书译为俄文，介绍给苏联读者。他们两位的提议，使我后来拿定主意，出版了一部《刘大年史学论文选集》。这本小书也就沿用了那个名称。

中苏两国山水相连，文化学术交流久远，不用备述。俄国文学和学术著作译为中文的指不胜屈。苏联汉学家阿列克谢耶夫院士翻译过许多汉文书籍，人们叫他“阿翰林”，传为美谈。这部小书内容有限，却也不妨看作双方交流长渠中的一点一滴。

大家可能都同意，文化学术和经济领域的交往合作不一样。经济项目要求产生物质效益，并且要立竿见影。学术交流即使是很重要的项目，也只可以抱有一定的期望值，无法使用计量单位显示出它的效益。我们是在谈论社会历史学说。历史者，无休止的矛盾运动也。社会矛盾运动有多复杂，社会历史学说就有多复杂。其中栖居峡谷层崖的，以为平原千里不过是他人妄说；习惯于寒冬凛冽的，菲薄春和日丽，芳草芊芊。然而它们的矛盾对立，并没有成为人们追求历史客观运动认识所无法克服的障碍，相反，倒成了那种追求的必要条件。历史运动、客观世界是可以认识的，不同国家、民族间的观念、情感是能够沟通的。问题在于不能像《桃花源记》上“鸡犬之声相闻，老死不相往来”那样。我们应该打开门窗，让空气流通，来实现认识历史，认识世界和沟通各民族人民的观念、情感。学术文化交流和经济领域合作不同的现实价值，也许就在于此吧！

贝列罗莫夫与尼克苏两位教授翻译这本书付出了可贵的劳动，我向他们两位谨致谢意。

刘大年

1991年五一前夕　北京

四

尊敬的列·谢·贝列罗莫夫教授：

您编选拙集，并加翻译，有劳实多，谨致谢忱。《致苏联读者》草就寄去，请一并费神处理。即候

大安。

刘大年

一九九一年四月廿九日

五

大年同志：

您好。5月20日远东所的一位同志转到您4月29日来信并《致苏联读者》。信到得还算及时，刚好赶上开印前三天到达。我见信后，即访嵇辽拉，他当然喜出望外（以为来不及了）。他当即请来一位汉学家尼克苏，我们三人共同初步敲定俄文译稿。阿列克谢耶夫确实译了不少中文典籍，但不能说他译了《史记》。他们很客气，让我作一点改动，于是改为“苏联汉学家阿列克谢耶夫翻译了不少中文典籍，人们叫他‘阿翰林’”。“翰林”，俄文中几乎没有等量词，尼克苏建议译为“院士”，但翰林性质并不能与“院士”等同，建议他们正文用翰林译音，另加括号，注明相当于院士，也采纳了。

你文中提到了阿列克谢耶夫，他们认为此例甚好，也引起了他们不少感慨。他们告诉我，阿列克谢耶夫逝世前留下遗嘱，要在他的墓碑上用中文刻上孔子的一句话：“人们不知道他，但他并不气恼。”（似乎是“人不知而不愠，不亦君子乎”。）你提到阿列克谢耶夫，等于是让人们进一步知道这位伟大的汉学家的贡献，阿的魂灵会感谢你的。同时，他们说：他们译稿上遇到不知多大困难，可谁知道。这部书（《文选》）提到了齐赫文斯基和季塔

连科，但工作都是我们做的，谁知道我们。我们像奴隶似的。江总书记来，请了那么多苏联人，可不让我们去，他们（指自己的领导）瞧不起我们。这些牢骚话都是笑着说的，从他们内心看，为中苏文化交流作出贡献，还是很高兴的。我顺便插了一句：将来你们到中国去，大年同志会请你们客的。嵇辽拉正式对我说，他多次到过中国，但尼克苏快70岁了，一生研究汉学，汉语功底极深，我的译稿最后都是他敲定的。生前能实现访华是他最大理想，但我们领导永远不会安排他访华的。如有可能，让他去一次中国怎样？我说，我给大年同志复信将如实反映，或许有希望。您如认为有必要，可否给所里打个招呼，说不定有可能。

22日，《致苏联读者》译稿将交出版社，不误印刷，勿念。即祝

身体健康。

衔天

1991年5月24日

六

敬爱的刘大年先生：

您的《致苏联读者》草稿我已经收到了。很长时间内在苏联没出版过中国学术作品，六十年代苏联读者只能读到郭沫若和吴晗的著作，现在我们恢复了光荣的传统，所以我很高兴。您说得非常好——中苏两国山水相连，咱们一定要打开门窗让空气流通以认识历史，认识世界，沟通各民族人民的观念、情感。

对阿翰林临终遗言，我可以做一点补充，他墓碑上端展开的大理石书卷上，正楷镌刻两个汉字“不愠”。

我相信苏联读者在一九九一年内一定会看到您的著作。

我是怀着一种特殊的民族感情做这项工作的，因为我父亲是中国江苏镇江市人，他姓嵇，1922年加入中国共产党，1981年曾任全国政协特邀委员，他的骨灰安放在八宝山革命公墓。我的作品有《秦帝国》（1962）、《商君书》（1968）、《儒家和法家在中国政治历史的作用》（1981）、《孔子的生活、思想和运用》（出版中）。倘若有机会再去北京，一定登门拜访。此致

敬礼

贝列罗莫夫（嵇辽拉）

七

嵇辽拉教授台鉴：

先从薛衔天同志处，后从来信得知，您和尼克苏教授是小书《选集》[①]的译者。书的内容有限，需要克服的困难太多。两位辛苦了，请接受我的慰问。据说现在出版这类书困难不少，未知是否如此？倘若不久仍能够印出来，请在小序末尾加上这样一句话：“贝列罗莫夫与尼克苏两位教授翻译这本书付出了可贵的劳动，我向他们两位谨致谢意。”中苏学者互访虽然受到名额分配限制，但双方交流的机会还是很多的。您下次来华，我们当可面叙。祝您在学术研究中不断取得新的成就。顺颂

近安

刘大年

一九九一年十月七日

八

刘大年教授台鉴：

您的来信我收到了，非常感谢。苏联科学出版社的主任说：您的《选集》将要在 1992 年第一季度出版，我们一定要努力促进。

我要向您说明一点：本书的翻译者应为刘永安和费阿克陀娃。本人是主编并写了俄文本的序言。您给苏联读者写的序言由尼克苏译成俄文。您在来信上说，要我在您的序言末尾加上一句话，我准备按上面的说明来加这句话。

我期待着到北京时一定要去拜访您。顺祝

大安

贝列罗莫夫（嵇辽拉）

一九九一年十月二十九日　莫斯科

---

① 指《刘大年史学论文选》俄文版，莫斯科科学出版社 1992 年版。

190　致胡乔木等及复函

（1991年4月26日、5月3日、6月4日）

一

乔木同志：

昨天面陈的三件事，再简述如左：

一、《抗日战争研究》请您写的文章，应该是发刊辞[①]。文章稍短无妨，希望六月上旬见到稿子。

二、请小平同志、聂帅为刊物题辞的信，烦为转达。

三、拙稿[②]一件，请您翻翻，予以指教。

敬礼

刘大年

一九九一年四月廿六日

二

小平同志：

敬问健康。

学术界在胡乔木同志倡导下，成立了一个民间的抗日战争史学会，并决定出版名为《抗日战争研究》的刊物，推动学术研究。大家非常希望您能够给《抗日战争研究》题辞，以鼓舞学术界和对群众进行爱国主义教育。刊物六月上旬发稿，题辞要在五月间收到。至祈俯允，勉我后人。

敬礼！

中国社会科学院近代史研究所　刘大年

一九九一年四月二十六日

---

① 关于发刊词，胡乔木未能重写。最后他决定将给抗日战争史学会成立大会的贺信稍作修改，作为发刊词。

② 指刘大年在抗日战争史学会成立大会上的发言《做什么，怎么做？》，载刘大年《我亲历的抗日战争与研究》，中央文献出版社2000年版。

三

聂帅：

敬问健康。

学术界在胡乔木同志倡导下，成立了一个民间的抗日战争史学会，并决定出版名为《抗日战争研究》的刊物，推动学术研究。大家非常希望您能够给《抗日战争研究》题辞[①]，以鼓舞学术界和对群众进行爱国主义教育。刊物六月上旬发稿，题辞要在五月间收到。至祈俯允，勉我后人。

敬礼！

中国社会科学院近代史研究所　刘大年

一九九一年四月二十六日

四

大年同志：

两信已转。

大作[②]已阅，没有意见，现退还。

发刊词能否写尚不可必。如交不出稿，即用大作代发刊词亦好。

胡乔木

5月3日

五

乔木同志：

《致中国抗日战争史学会成立大会的信》在成立大会上宣读过，现送上，请再过目。

两个办法：（一）不用信的形式，以中间三段为基础，略加充实，成一简短发刊词；（二）即用原信，注明代发刊词。当然希望您选择前一办法。但决不要太费事，以免劳累，几百字就可以了。刊物本月中旬发稿，祈酌定

---

① 聂荣臻的题词是："研究抗日战争史，加强爱国主义教育。"该题词刊印在《抗日战争研究》创刊号的扉页上。

② 指《做什么，怎么做？》一文。

示复。

敬礼!

刘大年

一九九一年六月四日

191　致华容县负责同志

（1991年4月）

感谢各位同志在我回乡时所给予的热情关心。那次时间虽短，仍看到了一些东西，家乡变化确实很大。同志们做了很好的工作，群众是会铭记不忘的。

县百货公司退休职工严奉朝来信一件，转去请一阅。严早年投身革命，并在战场上与敌人搏斗；后来屡遭不幸和曲折，现又年老残疾，令人同情。来信上所提要求，不知有没有可以解决的？不管能办与否，派位同志找他谈谈话，我想也是个安慰。如何为好，请随宜处置。

敬礼。

刘大年

1991年4月

192　孙云英来函及复函

（1991年6月7日、7月25日）

一

刘大年同志：

您好！你不认识我，我认识你。

我叫孙云英，是冀南区巨鹿县人。1935年入党，当时参加了刘子厚、王光华、郭森领导的工农红军平汉线游击队（后改编为抗日讨蒋救国军第一军第一师），1938年1月东进纵队一进巨鹿县城我就到巨鹿县战委会工作，我任协助员，不久调广宗县工作，担任抗日县长兼县抗日游击大队大队长，既带兵打仗又管地方政府工作。整个抗日期间我都在冀南工作。从没有一天离开工作岗位，亲历冀南抗日战争的全过程。1949年南下到湖南工作——到湖南即任常德专署副专员（专员是王含馥），以后先后任专员，常德地委第一书记，益阳地委第一书记，长沙市委第一书记，湖南省委宣传部第一副部长。于1984年退休，现年七十三岁，住房在省委。

因为我整个抗日期间都在冀南工作，对冀南抗日战争的情况比较熟悉，我就写了一本抗日战争回忆录，书名叫《风雨春秋》，已由湖南出版社出版，现敬送你一本。

你是中国抗日战争史学会会长，我对中国抗日战争史很有兴趣，我认为中国的抗日战争是中国历史的光辉一页，应该大书特书，过去对这一点注意不够，写的也不多，希望你再开抗日战争史学会的时候吸收我参加，我的通讯地址是中共湖南省委宣传部。此致
敬礼并祝你健康长寿。

孙云英

一九九一年六月七日于长沙

二

云英同志：

来信与大作同时奉到，至为感谢。

抗日战争在中国近代历史上占有特殊重要的位置，值得有志于此的同志下功夫研究。抗日战争研究会成立未久，要靠大家协助来做好工作。《抗日战争研究》刊物定于九月间创刊，那上面反映的情况当能引起思考一些问题，到时不妨查阅一二。

冀南是我的第二故乡，回想起来，当年打游击的往事历历如在目前。《风雨春秋》上一定有我知道的人和事，当捧读仔细也。专复
敬礼

刘大年

一九九一年七月廿五日

193　致何均

（1991 年 6 月 12 日）

何均同志：

来示及大作打印稿见到。多承奖誉，实不敢当。近来贱躯不适，眼睛也有毛病，看东西困难。见到大作题目，很想读读，未能如愿。不过看了也未必不是白费。我知道的东西太少了，不会说出什么名堂。讲几句空话，毫无意义。等看日后有了时间，不妨见面聊聊。谨复

敬礼。

刘大年

1991 年 6 月 12 日

194　姚曙光来函及复函

（1991 年 8 月 14 日、9 月 13 日）

一

刘老前辈：

您好！

我是您家乡湖南岳阳师范专科学校的一名教师，正从事中国近现代历史的教学与研究工作。十多年来，我在您的雄文巨著的滋润与激励下成长。最近我在人民大学党史系做访问学者期间，试着主持编写了《世纪脉络——从中共“一大”到“十五大”》一书，华夏出版社同意出版并已签订出版合同。晚生我斗胆向您相求一事，想请您给本书题书名并给我们当顾问。在您万忙之中打扰您，晚生我不胜惶恐之至！

请接受我代表百万岳阳人民对您诚挚的敬意和深切的谢意！

祝您福如东海，寿比南山！

湖南岳阳师专　姚曙光　谨叩首

1991 年 8 月 14 日

二

曙光同志：

我对党史并无多少研究，为你们的撰著题写书名，实不适宜。论著的价值首在内容如何，不在其他。事贵有志，祝你们成功。

敬礼。

刘大年

1991 年 9 月 13 日

195　致翰章

（1991 年 10 月 6 日）

翰章同志：

来信建议抗日战争研究中要有人写出关于南京大屠杀等日军暴行的系统著作，我认为这个意见很对。来信已经转给有关同志参考。日军侵华暴行需要这种深入系统研究，抗日战争史上许多其他问题也需要深入系统研究。抗日战争研究会[①]最近准备就若干专题研究作一次安排，争取在一定时间里出版一批质量较好的专著。日军侵华暴行、南京大屠杀都可以作为专题。所谓计划，无非是强调抓重点，要落实措施，而不是把什么都统起来。一个专题完全可以写出不同的书，希望有志于此的同志共同努力。

敬礼

刘大年

一九九一年十月六日

---

① 指 1991 年成立的中国抗日战争史学会。

196 致张岱年[①]及复函

（1991年11月18日、26日）

一

张岱老有道：

中国社会科学院历史研究所刘起釪同志送去他的著作请教，不知已否见到？未能面晤领教，正感缺然。

刘起釪同志长期从顾颉刚先生治《尚书》。顾老去世后，他一直从事这方面的研究，近年接连出版《顾颉刚先生学述》《尚书源流及传本考》《尚书学史》《古史续辨》等，可谓硕果累累。中外行家对那些著作屡有称道，表示叹服。顾颉刚先生代表的"古史辨"学派，虽然实际考辨的是"古书"，而非"古史"，但它是中国马克思主义历史学形成以前一个并不反对唯物论的对中国历史学最有贡献的学派，乃属毫无疑义。它的成绩我们应当加以发扬。社会主义是尊重文化也重视传统的。社会主义的文化无所不包，作为封建文化支柱的经学，尤其不能不引起人们的注意。我们需要研究它，科学地解释它，刘起釪同志的《尚书》研究的意义，我想主要也就在这里吧！刘著我喜欢读，但要评论，就恐怕隔靴搔痒，远不实在。倘能得大笔月旦一二，引起更多读者的兴趣，亦一学界佳话。不知可能性如何？专此奉陈。

即颂

著祺

刘大年

一九九一年十一月十八日

二

大年教授道席：

久仰高名，无缘晤教，接奉来示，实深感佩！

顾颉刚先生《古史辨》对于史学贡献甚大，诚如尊论。刘起釪同志继承发扬顾老之学，所著《尚书学史》《古史续辨》等内容精确，富于科学精神，

---

① 张岱年，时任北京大学教授。

实为不可多得之佳作。承起釪同志惠赠所著，披读之余为《古史续辨》写了一篇简评，拟送《光明日报 · 图书评论》发表。以年老力衰，未能多写，仅写了一千多字，略表赞佩之意而已。知承锦注，特此奉闻。专此，敬颂
时祺

张岱年
91 . 11 . 26

197　致《党的文献》编辑部
（1991 年 11 月 28 日）

《党的文献》编辑部同志：

1986 年《文献和研究》[1]上所载的我写的一篇稿子，有需要更正的地方，兹如实纪出，连同“中国历史问题研究委员会第一次会议记录”复印件一并送上。更正文字最好能够刊出。
敬礼

刘大年
一九九一年十一月二十八日

《文献和研究》1986 年第四期上所载我写的《“百家争鸣”方针侧闻记》，关于 1953 年陈伯达召集的一次会议的情况，系出于回忆，没有文字依据。现在找到了“中国历史问题研究委员会第一次会议记录”，是 1953 年 11 月 5 日印发中央书记处及中宣部各负责人的。《侧闻记》有几处与事实不符:（一）会议时间为 1953 年 9 月 21 日，而非 10 月间；（二）出席会议的有郭沫若、胡绳，而非郭、胡没有出席；（三）会议尚有列席者黎澍、佟冬。特此更正，以免讹传。

---

①《文献和研究》，后更名为《党的文献》，由中共中央文献研究室、中央档案馆主办。

198　致某编辑
（1991 年 12 月 25 日）

编辑同志：

《刘大年传》寄去，请审查是否合用。说明两点：

（一）请不要改动，不要删节。全文比编辑部要求的字数稍多出一点，但已经不好压缩了。（二）希望知道是否合用，最好明一季度内有回信。时间久了，稿子将要另行处理。

敬礼

刘大年

12 月 25 日

199　致倪志福、郁文[①]及刘明逵来函
（1991 年 12 月 28 日，1993 年 7 月 20 日、8 月 15 日）

一

志福同志：

送上中国社会科学院近代史研究所研究员刘明逵同志的来函，请赐一览。

刘同志的工作是值得支持的。我们宣传四个坚持，要从原则上讲，也需要从各个领域加以阐述。指出它的历史根据，是一个重要的领域。刘同志所做的工人运动史的工作，就是属于这个方面的。我看过工运史资料已经出版

---

① 倪志福，时任全国人大常委会副委员长，中华全国总工会主席。郁文在刘大年来函上的批语是："该书出版很有重要价值，建议申请院出版基金资助，同时可与党校出版社商量，请他们也尽力支持这一项目。"后中国社会科学院拨出八万元用于资助出版刘明逵主编的《中国工人阶级历史状况》一书。1993 年，中共中央党校出版社出版刘明逵《中国工人阶级历史状况》第一卷第二册；1998 年，广东人民出版社先出版刘明逵主编的《中国工人运动史》一至六卷；2002 年，中共中央党校出版社出版刘明逵主编《中国近代工人阶级和工人运动》，全书共十四册。

的部分，内容详实，纲举目张，是一部好书。我想应该设法让它如数出版。如无困难，希望您能够批转有关的同志研究，给予适当资助。这是一种很好的提倡与鼓励，是能够产生积极影响的。

敬礼

刘大年

一九九一年十二月二十八日

二

郁文同志：

送上社会科学院近代史研究所研究员刘明逵同志的来函，请赐一览。

刘同志的工作是值得支持的。我们宣传四个坚持，要从原则上讲，也需要从各个领域加以阐述。指出它的历史根据，是一个重要的领域。刘同志所做的工人运动史的工作，就是属于这个方面的。我看过工运史资料已出版的部分，内容翔实，纲举目张，是一部好书。我想应该设法让它如数出版。如无困难，希望您能够批转有关的同志研究，给予适当资助。这是一种很好的提倡与鼓励，是能够产生积极影响的。

敬礼

刘大年

一九九一年十二月二十八日

三

大年同志：

您好。

我刚从美国探亲回来，适《中国工人阶级历史状况》第二册出版，谨送上一册，盼予赐教。本书以下各册：第三、四册早送出版社，第五到十四册将于明年六月以前，分两批交稿，出版社按照合同，计划两年内将全书出齐。

这部书能有这样的局面，是和您的鼓舞与支持分不开的。第一册出版时，您给我写了长达四页的信，肯定这部书的价值，鼓励我一定坚持编完。稍后，出版社因出版界不景气，要我为他们筹措出版资助，这是一个天大的困难，您又帮助向社科院领导提出申请，这样，这部书的出版才得了救。

为了表示对您的谢意，我和参加编这部书的十多位同志，都表示一定努力把这部书按时编好。我这次赴美探亲，也未忘自己的工作，我用了大部分时间，在美国两所最著名的大学（史坦福大学和柏克莱大学）图书馆看书，查材料，并复印了一万余页有关工运史资料，这对我主持编写的两部书很有价值，不论在体系和内容方面，可能会有新的突破。

这本书，我原想亲自送上，以便面聆指教，考虑您工作很忙，需要休息，不好意思干扰您，所以托人顺便带上，请予原谅。专此，顺祝

暑安

刘明逵　拜上

一九九三年七月二十日

四

大年同志：

您好。

向社科院申请《中国工人阶级历史状况》出版资助，已正式予以批准。您给郁文同志写的推荐信起了决定性的作用。郁文同志收到您的信后，当即转请几位院领导研究处理。汝信[①]副院长在您信上签了建议申请院出版基金资助的意见后，科研局很快就通知近代史所寄份正式报告，所领导就资助数额再三考虑院的承担能力，在报告上提出了八万元的数额，现如数批准，并拨给了中央党校出版社。

按照院科研局的指示，我和该社签订了出版合同。（1993 年末能全书齐稿，1994 年末即能出齐全书。该社社长还表示，出版发行时搞个新闻发布会，以扩大影响。）

去年初，我们已拟了一个很详细的提纲（这是编好全书的基础），同时落实了比较理想的编者（这是编好全书的关键），下一步主要就是抓质量（这是关系全书的生命）。我作为这部书的负责人，一定要坚持范老和您给近代史所树立的好学风，并以此影响本书的编者。决不能像有些人组织一个班子编书，自己挂个主编头衔，却不做名实相符的工作。专此，顺祝

秋安。

刘明逵　拜上

1993 年 8 月 15 日

---

① 汝信，时任中国社会科学院副院长。

一九九二年

200　邹声扬[1]来函及复函

（1992年4月28日、5月3日）

一

刘老：

你好！嘱事已托人查得其简况如下：

苏舆（1874—1914），字嘉端，一字阜康，号厚庵。湖南平江人。幼补县学廪生员，长肄业长沙湘水校经堂，后受学于岳麓书院，为王先谦高足弟子。1897年拔贡。

维新运动期间，苏舆持守旧立场，攻击《新学伪经考》《孔子改制考》。樊锥成立南学会邵阳分会，苏舆撰《驳南学会章程条议》；并驳樊锥所著《开诚》《发锢》诸篇。戊戌政变后，编辑《翼教丛编》六卷。

1904年，苏舆中进士，入翰林院。出游日本，参观学校，访邮电实况。1906年补邮传部郎中，辛亥去职。

著述有《春秋繁露义证》《校正晏子春秋》《自怡堂文集》。其《宋元官私版本考》《南齐文录》未成而卒。

以上情况是否适合你老的要求，盼告以便再向平江县志办提出。此系我友李荣克提供的。致

敬礼。

邹声扬

于四月廿八日

---

① 邹声扬，时任湖南大学教授。

二

邹声老：

您好。手示《苏舆简况》收到，非常高兴。我想对苏氏了解个大概，《简况》中都有了。如尚有需要，当再渎恳。有劳之处，不胜感谢。李荣克同志惠予帮助，请代致谢忱。

刘大年

一九九二年五月三日

201　罗志宏来函及复函

（1992年6月4日，1993年5月10日）

一

老前辈：

您好！

我是华容县胜峰乡金窝村长大的。在您八十年代回家乡探亲时，我正在读初中，家乡人民当时以您为荣的骄傲心情我至今还记得很清楚。知道您是研究中国近现代史的，这使我对文科方面的知识分外感兴趣起来。

我是去年考入中南财经大学的，学的是经济法专业，随着年龄的增长和知识的增加，心中有越来越多的疑惑需要向人求问，但可惜的是，一直还没有找到，即使在华容一中这样的省重点中学也由于地方偏僻，信息不是很快能接收到的。由小地方进入武汉这样的大城市，视野得到了开拓，一些观念得到了更新，但传统思维和西方思想在头脑里的交锋，还有生活中的一些问题，迫使我需要得到见识深远、阅历丰富的人的点拨，刚好我在《人民日报》上面看到博士生导师中有您的名字，所以我决计冒昧给您写信，尽管我知道您是全国人大常委，东京大学的特约教授，还有很多其他的事，一定很忙，但我想家乡前辈对家乡后辈是应该有责任给予知识上的帮助的。

近几天我在看《曾国藩传》（四川人民出版社，朱东安著），曾国藩青年时期，也得到过同乡唐鉴的点拨，顿而大悟，这也是我敢于向您写信的另外一个动力。祝您

身体健康

后辈　罗志宏

一九九二年六月四日于中南财大

二

罗志宏同学：

你去年六月间的来信，因压在书底下，最近才见到。现在作复，时间相隔太久了，请不要见怪。

你学的是经济法律专业，这方面我说不出什么意见。法律是上层建筑的重要部分，政治性很强，应该多加关心。讲到个人的才能，要承认人的天赋有高下，但相差也不会太远。一个人的强弱高下，最后不取决于天赋，而取决于坚强的意志。意志坚强者总有如愿之日，薄弱者多半怨天尤人，碌碌一生。学问没有秘诀，谁立大志、下苦功，不为身边次要的事羁绊束缚，谁就有可能达到一定的境界。来信要我点拨，别人点拨只能有些启发作用，关键在于自己的实践。法国人说得对：天才就是勤奋。希望你珍惜现在的机会，勤奋攀登，以砥于卓然有成，在我们国家的现代化事业中贡献自己的才能。

即问

近好

刘大年

一九九三年五月十日

202　伍劲松来函及复函

（1992 年 9 月 10 日，1993 年 5 月 10 日）

一

尊敬的导师：

您好！

虽然您我互不相识，但我仰于您的大名，深为您博大精深的才识所感召，故冒昧写信求教，恳请导师您原谅，理解我这唐突而无奈的行为。

我，伍劲松，男，23 岁，系湖南边远山区的一名小学教师，87 年师范毕业后被分配到马路街乡这个闭塞落后，被现代社会遗忘的角落工作，深感生活的单调乏味和空虚无聊，于是报名参加了自学考试，以“淡泊明志，宁静致远。业成于勤，超越自我”来砥砺自己，定下心来，以书为伴，顽强地同命运抗争，勇敢地面对寂寞，力求不断充实完善自我。功夫不负有心人，89年获历史大专文凭，91年6月自修完历史专业20门课程，顺利地通过了毕业答辩，取得了历史本科毕业证书和学士学位。并从90年起连续三年报考南京大学中国近现代史的研究生，总分都在300分左右，可因英语成绩差名落孙山，所以至今还被搁浅在小学任教。

为了买到必需的专业书籍，除邮购、托人帮买外，自己还利用假期三下广州、汕头、桂林，二上武汉、长沙，跑遍了五个城的大小书店，参加工作五年来共买专业书籍达1700多元，光英语就有七种不同版本的大学教程和辅导材料，英语磁带51盒。但我英文底子太差，只有初中英语这样一点浅薄的基础，师范三年没开英语课，参加工作后的英语自学更显得困难重重，举步维艰，没有教师的辅导，缺乏合适的辅导材料，完全凭自己的一股子干劲在黑暗中慢慢摸索着前进。

每天凌晨5：30跑完步回来就按下录音键开始学习，记单词，随身携带小字典，不断同遗忘作斗争，掌握的词汇量已超过6000余条；背课文，背得口干舌燥，声音嘶哑，几乎能背下《新概念英语》3—4册的所有课文；做练习，使用的教案书已有一大叠，厚达80厘米；听录音，录音机用坏两部，被迫买了第三部。还坚持每天晚上写英语日记，日记本已有11本。最近三年来，我几乎每天都10个钟头左右的时间学习英语，精读了《新概念英语》，许国璋《英语》和吴根庚的理工科《英语》，还泛读了近20本英文原著。

每次准备研究生入学考试，我都全力以赴，除了工作，就是学习，以校为家，寒冬熬冷，酷暑挥汗，在斗室里刻苦用功，已有3个暑假一直泡在学校里苦读，同肆虐的蚊子开战，向科学的高峰攀登。

为了准备92年的研究生入学考试，在寒假期间我一直没有回家一趟，茕茕孑立，形影相吊。除夕之夜几乎家家都围在桌旁观看精彩纷呈的春节联欢晚会时，我却在台灯下默默用功。然而，功夫负了苦心人。我虽然达到317分，上了分数线，可英语只有43分，中国近代史因缺少一本合适的教材，也没有发挥好，只有60分。

拿破仑说得好：“不能吸取失败教训的人，他的成功之路是遥远的。”

考完第二天，我就开始继续猛攻英语，现在可以说是不成问题了。我最担心的是中国近代史。因为，我所报考的南京大学是以导师您主持编写的《中国近代史稿》为教材的，而我只有1、2、3册，而最后一册，即第三编（1902—1919），我曾经先后托人到广州、武汉、长沙、北京购买此书，都未能如愿。后又与人民出版社联系，结果四次回信都是缺售。前不久还与北京高教书店和中国书店联系，都一无所获。万般无奈之际，只好向导师您求援，请求得到您的帮助。如果可能的话，您能否将79年版的第三册（1902—1919）借给我一用？

初次求教，就给导师您添麻烦，实在不好意思。另外，听说社科院今年将开始重新向社会招收研究生，如果那样的话，我将毫不犹豫地报考您的研究生。最后，祝导师

身体康健，工作顺利！

伍劲松

92年9月10日

二

伍劲松同志：

你去年九月间的来信因故最近才见到，迟复为歉。

仔细看了来函，你克服困难，奋力学习的精神令人感动。信上的语言文字也证明你确实下过功夫，如闻其声，难能可贵。各人的环境条件有异，无法强求一律。环境顺利并不一定造就人，相反，古往今来战胜各种困难然后有所成就的，比比皆是。相信你会坚持初衷，再接再厉，在既有基础上攀登下去，铮铮树立于学术研究之林。

《中国近代史稿》现在一共只出了三册，其余尚待编撰。迟之又久不见下文，请读者见佑。

敬礼。

刘大年

1993年5月10日

一九九三年

203　致荫飞[1]

（1993 年 5 月 8 日）

荫飞先生台鉴：

二月间来函奉悉，迟复为歉。

承盛情介绍台湾出的《中国抗日图志》，准备去查阅，希望有所收获。

诚如大札所云：为使中日两国人民世代友好下去，很有必要加强中日两国的交往史，特别是加强近代史的研究。我们出版《抗日战争研究》，这是主要任务之一。抗日战争涉及的面很广。日本有关的出版物，如档案资料、重要的回忆录、新的专著等，均为研究者所必需。我们希望与日本同行和热心人士合作，使这项工作取得进展。有些书这里找不到时，当即函达，请予鼎力相助。

你下次来北京，欢迎到社会科学院近代史研究所访问。届时我们将能够面叙。祝你取得成就，顺致

敬意。

刘大年

一九九三年五月八日

---

① 荫飞，在日本东京一家图书发行公司工作的中国人。

204　致张书生[①]

（1993 年 7 月 30 日）

书生同志：

二十七日函悉。

《剑桥晚清史》可以说是西方讲这个题目的一部有代表性的著作。它上面的某些论点自然不是我们所能够同意的。余绳武[②]的《对〈剑桥晚清史〉部分章节的评论》（《近代史研究》1990 年第 6 期）作过深入分析。但此书反映了欧美日本研究中国近代历史的成果和动向，有一些新的材料，叙述也比较完整。要了解西方学术界至今如何看待近代中外关系和近代中国历史，展开交流，这是一部必定要注意的书。主编者费正清晚年关于中国的看法颇有变化，80 年代他出版的《伟大的中国革命》，认为中国人民经过曲折以后，现在民族复兴在望了，中国实行马克思主义是必要的，中国的社会主义是可取的。这些都应当给予客观评价。《晚清史》的翻译出版是有意义的，值得受到嘉奖。

敬礼

刘大年

一九九三年七月卅日

205　致井上清

（1993 年 12 月 5 日）

尊敬的井上清先生如晤：

在您八秩华诞之际，遥祝寿星福体康泰，万事如意。

几十年来，您为中日友好殚精竭虑，矢志不移，业绩昭著，我国人知者，无不感佩。您修史论道，识见卓越，秉笔直书，还历史以本来面目，与往昔

---

① 张书生，时任中国社会科学院历史研究所翻译室译审。

② 余绳武，时任中国社会科学院近代史研究所研究员。

品德高尚、名垂竹帛史家相比，何止犹有遗风。您学术博大，著作宏富，在当今学林，自是一代宗师。您的大作，多种译成中文，流传于我国学子荟萃的高等学府以至偏远农村的文化设施间[①]。它将作为一种珍贵物，在中日文化世代交流中保留其地位和价值。

回顾三十三年前，我们相识在北京，虽历经沧桑，但神交不改。每次聚首，谈学论世，各罄所怀。相知愈深，相交愈笃，历久弥坚，窃有荣焉。老当益壮，白首初心，是所望于故人。欣逢寿辰，井上夫人齐眉偕老，尤堪同庆。谨致贺忱，并颂

双安

刘大年

一九九三年十二月五日　北京

①1985年9月井上清访问山西浑源县悬空寺时，该处文管所所长出面接待，说自己正在研读井上清先生的著作。井上清误以为他在读井上靖的作品。该所长又明确说："我是在读井上先生您关于批判天皇制度的著作。"

一九九五年

206　致江泽民[①]

（1995 年 5 月 15 日）

泽民同志并政治局各同志：

中共中央 1994 年 12 号文件为我国纪念抗日战争和世界反法西斯战争胜利 50 周年作好了安排。我们作为抗战经历者，完全拥护。现在又看到泽民同志去莫斯科参加俄国为纪念二次世界大战胜利 50 周年而举行的集会，更是高兴。这让人看到了，在二次大战结束 50 周年的时候，我国领导人与昔日战胜国的元首们同台共温胜利喜悦的情景。

从把握今日的国际局势和我国发展机遇出发，我们建议，在我国为纪念抗战胜利 50 周年安排的各种活动中，增加两个节目：由全国人大常委会通过一项法律，规定每年 8 月 15 日为抗战胜利纪念日；今年 8 月 15 日那天，泽民同志到卢沟桥和抗战纪念馆去视察，哪怕 10 分钟也好。[②]

此举对国内国际都有重要意义。就国内而言，抗战胜利是中国近代史的一个根本转折，也是我党历史的根本转折，它为新中国的成立准备了前提条件。明定 8 月 15 日为抗战胜利纪念日，表明我党永远高举抗战胜利的旗帜，并且用国家立法形式把它作为节日规定下去，传之后代；泽民同志以国家领导人身份视察抗战纪念馆和卢沟桥，将提醒全国人民记住抗战历史和抗战胜利的意义，这些作法，对推动国内进一步团结安定，收拢人心，推动青年一代的爱国主义教育，将起到十分积极的作用。

就国际而言，今日国际局势发展的趋势并不很明朗。各大国都在利用纪

---

① 江泽民，时任中共中央总书记、国家主席、中央军委主席。

②1995 年 8 月 15 日，江泽民参观了中国人民抗日战争纪念馆和卢沟桥。

念二次大战胜利的机会，显示自己的存在，试图左右形势的发展。1991年12月，当时的布什总统曾到夏威夷珍珠港发表重要讲话。1994年6月，英国女王、美国克林顿总统、法国密特朗总统等西方各国元首、政要曾亲自到法国诺曼底海滩，参加诺曼底登陆50周年的纪念活动。今年5月，俄国、英国、法国、美国都要举行庆祝胜利的重大纪念仪式。今日村山富市访华，成为战后去过卢沟桥和抗日战争纪念馆的第一个日本首相。所有这些姿态，都值得我们注意。以今日日本国内经济发展趋势和军国主义势力的严重存在（国会难以通过所谓“不战”决议是明显证据）来看，日本迟早要从经济大国变成军事大国。我国对此应曲突徙薪，早为绸缪。利用明年抗战胜利纪念日和视察卢沟桥的机会（这样的机会平时不易找到，这一次恐怕是最后一次），对50年前日本对中国的侵略，对今日日本国内复活军国主义的势力表示我们的严正态度，对日本国内反对复活军国主义的力量是一种支持，对日本今后的发展动向会有牵制，可能会促成我国联日抗美外交政策的运用，影响国际局势的发展，使我国社会主义建设获得更有利的国际环境。

以上想法和建议，可能都已在预料之中，有关方面可能已作了安排。我们两人是民间的中国抗日战争史学会的负责人。这个学会是胡乔木①同志生前提倡，并在他的主持下成立起来的。从我们接触的群众看，这个建议是有群众基础的。所以谨再为提出，请予考虑。此致

敬礼

刘大年，中国抗日战争史学会会长

白介夫，中国抗日战争史学会执行会长

一九九五年五月十五日

① 胡乔木，曾任中共中央政治局委员、中央顾问委员会常委、中国抗日战争史学会名誉会长。

207　致佟冬[①]

（1995 年 7 月 15 日）

佟冬同志：

欣逢九秩荣庆，谨致祝贺。

回想四十年前，我们一起参加中共中央历史研究工作委员会第一次会议，郭、吴、范、吕、翦、侯[②]诸老聚首一堂，极当时之盛。方今国运既振，新学日繁，马克思主义更需有人研究宣讲。尚祈强饭加餐，寿指百龄而前当为后学所望也。赞曰："仁人之貌，长者之肠。延安握管，东北驻缰。浊流是黜，大道是扬。前贤绳墨，后学津梁。"

云天在望，珍摄为祷。

刘大年

一九九五年七月十五日　北京

208　致张显菊[③]

（1995 年 8 月 9 日）

显菊同志：

目录编得很好。你辛苦，偏劳了。

---

① 佟冬，时任吉林省社会科学院名誉院长，省社会科学界联合会名誉主席。1995 年 7 月 3 日，吉林省历史学会致函刘大年，信中说："刘大年先生：今年 7 月 22 日，是我会名誉会长、省社联名誉主席、著名史学家、教育家佟冬同志九十寿辰及从事教育、社会科学事业七十周年，佟冬同志曾对我国文化教育事业做出许多杰出贡献。届时，我会在长春举行庆祝活动，特此通禀佟老素所敬重的同仁、战友，望给予指导。如蒙来函、来电或题辞祝贺，请于 7 月 22 日前寄到我会，我会将不胜感谢。吉林省历史学会　一九九五年七月三日"

② 郭、吴、范、吕、翦、侯，分别指郭沫若、吴玉章、范文澜、吕振羽、翦伯赞、侯外庐。

③1995 年，中国社会科学院近代史研究所为祝贺刘大年八十寿辰，请政治史研究室研究人员张显菊编辑了《刘大年论著目录》。

说明中加一项，文字如下：“六，论文序号15、33两篇①，作者认为观点是错误的，但篇目仍应保留，以符合实事求是。”

以下顺序改为“七、八”。

敬礼

刘大年

八月九日

209　致卫藤沈吉②

（1995年9月26日）

卫藤沈吉先生：

六月间来示，因故刚刚见到，迟复为歉。

得知您正在编纂《环历至古稀》的著作，理当驰文祝贺。唯目前手头冗事亟待处理，祝贺文稿至早需在十一月底寄出，不知是否有误尊著出版时间。特此奉闻。即颂

健康！

刘大年

一九九五年九月二十六日

① 论文序号为15的文章是：《驳一个荒谬的建议——批判荣孟源反马克思主义的历史学观点》，载《人民日报》1957年10月11日。论文序号为33的文章是：《吴晗的反革命面目》，载《历史研究》1966年第3期。

② 卫藤沈吉，时任日本东京大学名誉教授、亚细亚大学校长。

一九九六年

210　胡绳①来函及复函

（1996年1月、2月）

一

大年同志：

见面日稀，别来无恙为盼。

我仍在治疗中，本月初出院（做化疗），医嘱少活动多休息，以备旬日后再进医院。医生云：治疗效果尚好，无扩散之势，但不可不防耳。

奉上近一年半来作之小诗一束，自知并无佳句，作为记事簿看可耳。

胡绳

二

胡绳同志：

除夕读新诗，精神旺盛，足征健康完全恢复。《遣怀》一首，反复体味，感触实深。其寻求心志宁静之意，跃然纸上，充分令人理解。惟总觉消极多而积极少，未见尽抒吾人素抱。不知者，尚或可借为口实。我主张第三句重造，二、四相应各易一、二字，情境当可一变。此系指意向，词字自可选择天然凑泊者。照抄在后面，不知以为如何？

敬礼。

刘大年

元日上午

---

① 胡绳，时任中国社会科学院院长，全国政协副主席。

生死比邻隔一墙，人间桑海不寻常。
衰颜未敢笼双袖，徒乐余年看小康。

三

大年同志：

去年夏天甘冒风险做了手术，稍有意外，即可有不同之结果，居然离开孤寂之病房，宣告无恙而又置身于熙熙攘攘之间。“生死比邻”“人间重到”盖实感也。不过没有能用典雅之语言耳。“于世无多补”也嫌说得粗鲁，然而是大实话。本世纪末以前能看到“小康”，对此颇有信心，故也不算消极。小康以后究竟如何，不敢预言，反正是一定看不到的了。蒙仔细斟酌，多次修改，谢谢。容待考虑。

胡绳

二月二十三日

四

胡绳同志：

昨日手奉短笺，旋即意识到不合《遣怀》主旨。意本求静，反变为动，殊无谓也。现思得一折中办法，并原作录写如下：

生死比邻隔一墙，人间沧海不寻常。
衰颜世许笼双袖，赢得余年看小康。

“世许”兼有盛世所许、客观所许之义。所谓消极性即不复存在。第四句“赢得”亦由此显得更有来历。提供推敲，看能否有助于罄发所怀。节日宾朋踵至，电视上热火朝天。此际说诗，或亦闹中取静之一法。疑义相与析，不过是附带的。

敬礼

刘大年

一九九六年二月二十三日

211　致崔丹丹[①]

（1996年1月、2月、4月、5月）

一

猪呀！猪呀！

看到寄来的照片以后，我才这样叫你。本来想慢慢地写一封较长的信，为了赶时间发出，先扼要地说几句。

你现在碰到的思家、工作上的不顺，是原来就可以想到的，不过想到的不如现实具体。有些情况会慢慢习惯，那时就会好一些。关于工作，我的看法，你先做一年的思想准备。反正合同上有规定，一年满以后可以休假回国。那以后再说不迟。这一年，对你可以有两个收获：一、坚持学会西班牙语。以后无论在国外、国内工作它都有用，甚至是专长。二、取得一年在工厂工作的资历和实际经验。这也是有用的。因此，现在就是要顽强、再顽强，实现这两个目标。主意打定了，心也就慢慢安下来，情绪就会饱满，不觉得沮丧了。做好思想准备，这一些，都是完全可以做到游刃有余的。再补充一句，英语不能自流，仍要抓紧争取提高。

回头再说我的情况，一言以蔽之，没有什么变化。唯一的一个变化，就是以前每天晚上等你下班回家，现在是白天、晚上都朝墨西哥方向想想，对一对这里几点钟了，那里该是几点钟。再就是每星期六等你来电话。等电话，不是我一个人关注的事，是一家人关注的事。这已经是生活的常规。上月抽血查了上十个项目，上个星期看结果，每样都正常。肝区也确实没有痛。张大夫还跟我侃了一阵，说我"应该休息了"。我说手头还有点事，做完以后就可以见马克思去了。他连说"不是这个意思！……！"手头的事写了万把字，有进展。但全部写完大概还要这么多字，恐怕再要两个月，才能见分晓。急也无用，只好尽力而为之。只要天气较好，中午坚持散步。吃的自然很可以。总之，是秀丽[②]说的，生活比小康还小康。至于明年春天是否出去老根

① 崔丹丹，刘大年外孙女，当时被派到墨西哥工作。

② 秀丽，即蒋秀丽，当时是刘大年家请的保姆。

据地走一趟[①]，念头是有，能否实行，现在也不到下决心的时候。你回来以后还可再去，就放心吧！

我现在比较觉得是个问题的，是你一天工作九小时，自己支配的时间太少，不知往后有无办法调整？又你捎来的“堂吉诃德”很有意思，搁在中间书橱上。对着它，又好像跟你多了一条沟通线索。猪呀！猪呀！现在就说这些。还是那六个字：顽强！安全！警惕。

姥爷

1996.1.17 晚

二

丹丹：

孩子！你接到这封信，可能到了春节前后。

我现在可算一切尚好。最不满意的是工作进展慢，比蚂蚁爬还慢，好在天天能坚持，希望四月底有个结局。这是指预拟的《抗日战争时代》[②]，至于原先的《枢纽》[③]，有人在努力，也许能过得去，你不必操心。今年天气较暖，仍天天中午走路。

你现在工作开始了，就是坚持下去。目标就是上次信上和电话中所说的两条：再学一门外语和取得基层工作的经验。困难是有，但也有有利条件，生活来源有保证，还有少数中国人在一起，不那么孤单。孩子！安下心来，坚持下去，就一定会有成绩。你毛舅[④]说，争取学会开车最好。你可以留心了解情况，等一段时间再下决心。要注意：坚决不游泳，不唱歌，一个人不上街，晚上不外出。在外想家是难免的，但是可以克服的。每个人在这个世界上都要独立生活下去。人是一代代往下走的，家是一代代变迁的。你独立生活工作了，我什么牵挂也没有。“每逢佳节倍思亲”，那是老古董的话。人要开辟新天地，创造新环境，你说不是吗？猪呀！猪呀！顽强！安全！警惕！今天就说这些吧！

姥爷

1996 年 1 月 28 日

---

①1997 年 5 月 10 日至 13 日，刘大年重返山西、河北等曾经工作、战斗过的地方。

② 指刘大年著《抗日战争时代》，中央文献出版社 1996 年 8 月出版。

③ 指刘大年主编的《中国复兴枢纽》，北京出版社 1997 年 6 月重印。

④ 指刘大年之子刘醒吾。

三

孩子！猪！

你见到这封信的时候，大概正当春节前后。你会想家，我们也会想你。但春节年年过，无非就是几家人见一面，吃顿饭，别的也没有什么，老一套。你换环境过个春节，新鲜新鲜，我看也是件很有意思的事。等着下一个春节你回来同大家一起过，可能别有一番新鲜！

我现在身体情况没有变化。最近用于沾腿的电线换了新的，也许由于春天气候的关系，脚的难受似乎轻松了点，室内室外运动行走一切照常。饮食睡眠都还可以。知足者常乐，我没有什么不知足的，唯一的问题就是工作进展慢。一月上旬到现在整整一个月总共落实的只有三千字，一天一百字。急也没有用，只好如此。不用说反复思考常常改变看法了，一些用词也往往不确切——比如上次给你写信说“比蚂蚁爬还慢”“堂吉诃德是交流线索”就是这种情况。老了，没有办法，有自知之明就行了。不过未必还有自知之明。你上次来信讲的稳定与不稳定的关系，什么都是变的等，讲得很不错。世界的一切都是这样，一个家庭当然是这样。

跟你说两件具体的事：墨西哥城每晚十一点左右可收到北京广播。我听过，你可以找。与山东人一起工作、做饭、共同活动，一定要随时注意自己的态度，保持距离，不能让人误解，引起麻烦之类。坚决不游泳。滴酒不沾。上次的信和这封信是洗脚时写的。所以更乱，大概这也更接近我的生活状况。孩子！猪呀！

姥爷

二月七日晚

四

丹丹，猪：

一直想跟你写一封比较详细一点的信，总想等工作告一段落时拿笔，但总不能如愿。你走时已经在写的一篇稿子至今没有完成。写了一万多字，还要有所增加，希望这个月底有个结果。心脏、肝部痛点最近没有发生，但愿能维持到把手头的活弄完。最近发现的新路线是顺着 22 楼北面往东走，直到燕京饭店对面，路较宽，也平坦，可以放心。近来活动很少，除了去医院，就是去八宝山两次，参加追悼会。最近一次是和秀丽去的，看了看你姥姥骨灰盒处。她说那里太安静了，不想回来。来谈学术活动的人还是有的。今年11月份是孙中山诞辰130周年，广东举行大规模的讨论会，要我去，未定。

室内有点小变化，春节前你爸在阜成门花市买了四个塑料花盆，两大两小。去年80元买的巴西木换上大盆，放在中间圆桌上。家里原来锯断了的巴西木根部也换上大盆，放在房子地下东南角。该木一侧长芽已经两寸多长，四匹叶子。可惜是个偏头疯，另一侧至今只有个带绿色的小点，不知以后会怎样。其他两木也移栽在塑料盆里，各有绿色嫩芽，同大木放在一起。再有一个月，将把它们移到阳台上去吸新鲜空气。室内其他还是老样子。

长途汽车公司办公楼再往南的所有平房，以及平房西面的那座小楼房，已经全部拆掉。那里现在是一大片空地。从我睡觉的房间往南看，直到河边上，没有什么遮眼的东西。河两岸来往的汽车行人尽在望中，也算一景。不过这个样子不会维持很久。我已经实地勘察清楚了，空地上要盖一座2万多平方米，25层高的三峡办公兼科研大楼，三年完成。现在已经开始整治地基。它的北墙距长途汽车楼顶多不过十几米，大楼盖成以后，我们楼房南边本来很少的一点日照肯定也会被没收。说时快，那时迟，你冬天回来时，三峡楼未必出了地面。所以南面河边的景色，你一定还可以看见。

你上次寄来的中文杂志上讲鲁迅、郭沫若等的资料很好，我准备对作者等情况了解一下。捎去香港利文出版社出的《历史的真实》① 一书，很值得看一下。李志绥那本书② 是个宣传品，从不少方面可以看出，但没有真凭实据，驳它也不叫人信服。看利文这本书③，就知道它一些关键地方是伪造的，例如李把自己当毛医生的时间提前了两年，毛不同意八大报告，李参加接待尼克松，毛去世时拉着李的手说话，等等。一些伪造、中伤的东西和某些公开材料等糅合在一起，使人真假难辨。《真实》根据档案等记录说话，应当是可信的。又书的附录林克一文值得好好看看。

猪呀！你现在怎么样呀？

以上那一页多的话是三月中旬写的，现在时间又过去近一个月了。那封信本来是准备给你单位去墨西哥的人捎去的。某人去墨时间推迟了，所以信

---

① 指林克著《历史的真实——毛泽东身边工作人员的证言》，香港利文出版社1995年11月出版。

② 指李志绥著《毛泽东私人医生》，台北时报文化出版企业有限公司1994年版。

③ 此处疑有误，似当指“李志绥那本书”。

没有写完，就搁下了。现在接说前文说的“希望这个月底有结果”的稿子，三天前终于完稿了，两万多字，潞、永[1]帮着打字的，没有他们帮忙，还没有这么快。现已送给少数人看，征求意见。不管怎么，也不准备大动干戈了。自己觉得还过得去，比最初的设想好一点。下一步是整理其他各篇，写个短的“题记”，书名叫《抗日战争时代》，中央文献出版社已同意出版。只要不发生意外，四月底当可全部完工交出。现在脑子确实不转了，开不动了。从美国开始，到日本结束，心愿也就算了结了。

再说身体，最近确实很疲劳。前些天，有一两夜几乎整夜睡不着。几次心绞痛，不过服药后又缓解下来了。四月十日，国家教委在昌平开一个有关近代史的会，又打电话又写信，希望我去，我答应了。头一天我去协和看病，一位几次给我看过病有教授头衔的女大夫，湖南人，一见面就说你不应该看内科，应该看急诊。她问过病情以后，我说还要防感冒的药等。然后，她几乎就没有句好话：“你是累的！”“还开什么会！”“我是你的奴隶，不是大夫！”最后一句话是：“回去写你的书去吧！”这就是我近来身体、工作的情况。稿子写完以后，现在轻松了许多许多，不必担心。春节前某次刘作为[2]说新年“都这么大年纪了，还臭什么美？”我也可以说，都这么大年纪了，还怕什么这个那个！

前面说的24楼南面盖大楼的工程正加紧施工，我又不常往燕京饭店靠南的马路上走了，多半从小胡同到南面大楼工地“视察”，与工地指挥人员闲聊，涉及他们的生活、收入、包工“回扣”等等。楼盖起以后比现在南边十几层的居民楼再高出一半，说是长安街以西最高的楼，还有如何绿化等等。听他们说吧，24楼北墙下行人道边已栽下矮小柏树篱笆。空地经过整修，栽有迎春花若干，东西共有四五米高的刺柏十来株，景色比以前略有改观。大约十天前，秀丽说高速桥下有许多解放军练操唱歌，不知为何。后来知道了，他们是参加绿化的。种树那天午后我出去散步，恰好碰上。我仔细数了数，22、24每座楼地段各300人，密密麻麻，他们干得很认真，把石块等挖了，土用筛子筛过。他们是武警部队，光这一条路上大约参加的即达2000人。我边走边跟他们头头聊，非常高兴。本来头痛得很，回来以后头也不痛

---

① 潞，指刘大年女儿刘潞。永，指刘大年女婿崔永华。

② 刘作为，刘大年之孙。

了。他们生龙活虎，又是绿化，好像给我也带来了活力。现在河边种了草，柳树杨树也都一片绿色。室外是春天，人们已换春装。我则我行我素，原来怎样还怎样。一月间买了一个电暖气。这几天阴天，家里通上电暖气，也很合适。

孩子，上面是星期五，就是你来电话的那天下午写的。今天，四月十四日，刘作为一家来，潞、永一再要我同刘作为等去玉渊潭一游。昨天他们下午去了，说樱花正开，空气如何好且一进门就有“龙车”——拖拉机拉的装有龙头龙尾能载三四人的拖车，不必步行，而且说你希望看到我的照片等等。结果，我跟刘作为一家去了，全不是那么回事。“龙车”进去出来都好不容易挤上去，里面人山人海，挤肩擦背。走到所谓“樱花园”附近，我靠一棵树坐在地上，观看潮涌般的人群，如我这么年纪的有人扶着的老头，一共只有两个，大概不到当天人数的万分之一。我坐在那里，当然没有人“参观”，不过自己也觉得太煞风景。下午两点出发，四点半回家，不过也不感太累。但由今天的情况来看，原打算的太行山之行，恐怕是成问题了，因为那会比这累得多。加上最近连续有三个七十来岁的熟人，突发心脏病呜呼。刘潞力劝我打消前念，5 月份即去怀柔。到底怎样，我现在还没有拿定主意。看看再说吧！我的行动不灵，今天乘“龙车”已经考验过了。去时第一次没有挤上车，第二辆车来众人又蜂拥而上，你舅推了我一把才上去的。回来时，许多人堆在一起等车，右侧一位妇女带着约三岁的小女孩，告诉我，前面两次车都没挤上，这是第三次了。她对孩子说，你跟爷爷站在一起，车来以后，我先上车占上座，再把你弄上去。孩子答应。后来幸好我们都挤上车了。孩子和母亲座位在前面几排。开车时，孩子特别问她母亲：爷爷呢？我们不过在一起站了十来分钟，孩子已经对我很关心亲热。这就是赤子之心啊！不说世界上所有人，只要较多的人，多少保留一点点赤子心，这个世界就一定比现在要好些。不过这好像有点唯心之论。

说两件认真的事：（一）你来信上说的今后工作或学习安排，同潞、永讨论了一次。你今年冬回来再定，他们有一个共同的想法。（二）墨玛雅文化某岛不必去，那只是考古研究者最关切的。你看过墨京金字塔就行了。要留下一些钱准备美国一游。四月十四、十五日在室内室外照了一些照片，背后有注明，一看便知。我现在已经着手整理《时代》全稿，希望 5.1 前完成。不知能否如愿。

猪呀！猪呀！注意安全、警惕。

姥爷

4月17日下午

注意！全京电话改为8位数。京号码前加6。

五

丹丹猪：

上次给你写信到现在，好像又过去两个月了。说说现在的情况。

《抗日战争时代》5月9日完成，10号上午玉璞①即来取走，据说争取8月份印出来，当然是“争取”。全部大约90000字，也算一本小书，主要是了却一桩心愿。不然，总觉得于心不安，责任未尽。稿交以后，觉得还有些感情尚可抒发，又写了两首绝句。我想在书最末尾附个照片，加上诗的手迹，也许行不通，因为不合出版社通行规则，尚未定。随信寄去诗的打印稿（永打的），看你的观感如何吧。

湖南某大学历史系要写《传》，要我自己作点介绍，给他们录音，并将有关资料寄去。录音介绍分两次讲完了。18日上午10点连续讲到下午1点30分钟。19日下午又补充讲了一小时。信口讲，潞、永有时插话。废话不少，但也可能对作者还有些用处。问题是还要附上资料，某文某说见于何处等等，查找费事，其中包括已出的我写的书，有关信件等等，此事尚未落实。希望最近一星期办完，不知能否实现。办完了，我想下月初即去怀柔住些天。当然去怀柔那里也非一切现成，还需做点准备，如弄点简单的桌椅等，床铺听说都已经置办了，因陋就简即可，不要复杂化。

现在散步多半改在早晨——所谓早晨，一般也在8—9点之间，主要去向是穿过大桥十字路，至河边往“小公园”方向。桥下红绿灯准确，路宽，安全系数较高。一停——二看——三通过，而且再停三停都可以，从容行走，可保无事。过去走向桥西河边已经不能走了。就在“中联部”稍往南一点，河上正在修一座与木樨地平行的大桥，大桥西边往南开马路通西车站，往北沿河东开马路与木樨地大桥下面北边大路相连，成一条南北大通道，目的是疏通西车站向北的要道。原来的长途汽车站“六道口”一带都要拆掉。新修

---

① 玉璞，即王玉璞，时任中央文献出版社社长。

大桥填河工程已毕，正在挖土准备立桥墩，工程亦大矣。此桥此路完成以后，24 楼就完全坐落在东西南北大道十字路口了。那时甚嚣尘上，不知比现在增加几多倍。南面的 25 层“三峡大楼”已开始垛地基，噪音自不必说，不过现在关上门，还过得去。这就是周围的景色。

现在在河边散步，心情当然比《抗日》完成以前轻松了不少，从诗上你也可以看出。人有闲心了，也就可以看到以前不会留心的事。前天下午在河边行人道上，两个初中低年级模样的小姑娘在做游戏，看谁跃进得更快，办法是出刀——叉——锤的手势，齐声喊“赛——丁——果”，胜者向前跳跃一大步，负者原地不动。如此反复，看谁跃进最快最远。她们由北而南，一路“赛丁果”，认真负责，全神贯注。我跟着往前走，她们就像没有看见。其中高个的连连获胜，与小个的拉开了距离，嘲笑对方说：“人生的道路漫长呵！”十几分钟以后，双方说累了，停止比赛。我这才问：“几年级？”齐声回答：“初一。”我问：“十几岁？”同样齐声回答：“十二岁。”她们的游戏和举动充满兴奋快乐，天真无邪，生机勃勃，无忧无虑，一派天然。她们享着人生童年的幸福，我忽然想到，她们竟然就是刘作敔[①]一类。晚上我告知潞、永，据查字典，我说的“赛”不对，发音为“翠”。什么意思，不知道，当是北京地区传统。他们说你当初都玩过。我写这么一大段，是想告诉你，我现在心情平静，没有什么负担。不过从今头脑里又添了一个“翠丁果”——其实也就是你的代名词，而且仿佛又回到你初中的时候。

以上是昨天——5 月 20 日写的。昨天下午到今天下午，我们家里一年多的状况发生了变化——秀丽回家了，来了一个山东姑娘。秀回家是由于她母亲摔断了胳膊，马上哭了，决定立即回家。她当天下午就去劳务市场找人，而且一去就找来了人。她两年未回家，原来其中有个大秘密：她是逃婚偷跑出来的。结婚三个月，双方不和，屡次挨打，耳都被打聋了，逃到北京后身无分文，在火车站喝水度日，只想死。后来熬不住了，盲目走，走到了劳务市场，从此开始了饭店打工生涯。以前说的有多少存款等等，和有姑母在京，都是瞎编的。春节前几天，一个偶然的误会，以为男方找来了，害怕了，才吐露真情，希望给她帮助。现在知道母亲病了，不顾一切，必须回去。她本来再三讲，一定要等你回来，或者今年春节才回去，已经准备跟我去怀柔，

---

① 刘作敔，刘大年孙女。

也准备去太行，没有想到一夜之间都变了。今天下午四点已上火车，新来的山东姑娘叫倪立彩，19岁，初中二年。一看就是农民，但看来心很灵，开朗，说话声音又高又快，真是“山东快书”，也许能够干下去，走着瞧，骑驴看唱本吧。好在《抗日》已完稿，这个一年多来的生活变动，对我影响不大。

前次信上说的“前途”问题，具体说，是你最近两三年或再多一点时间是在国外找机会再学一门专业，还是就在国内工作。婚姻的事也应该在一两年内定下来。在国外学习，自然要碰机会，找门路。刘燕上次回京，说八月上、中旬她在旧金山跟你见面，详细谈。旧金山她有两个“铁哥儿们”落户在那里，你去也可以结识一下，搭个关系。你的通信地址她已要去，说会给你写信。我的想法是，反正你要去美国一游，刘燕在那里，是一个好机会。先到美国西部，后到东部，有胡乃非，都是临时落脚点，比举目无亲要好些。工作不好安排，可以考虑请假。这个想法能否行得通，当然要看你的实际情况而定。美国之行是否有费用，手头的钱够不够，如不够，来信再寄点去。刘燕见面也可以给你些帮助。你把各种因素通盘考虑以后，再拿主意，采取行动。

又，你一定不要工作太累了，要有点休息、阅读时间。还要坚持锻炼，不可懒散。半月或一个月，应当给老韩等写个情况汇报，报告工作。遇有新情况、新问题，也要随时通知他们。会计的事你不能管，如有机会学一点，当然好。据回来的会计张说，你准备学开车，跟新去的机修工一起学，不知是否如此？学开车，以及平时均必须注意安全。经常要背诵那几句话：顽强、安全、警惕！你托会计张带回的墨西哥“牛”，是个好东西！很生动，而且可以拿在手上“把玩”。上次信上好像说过：刘作敌、刘作为看见“堂吉诃德”以后，表示对那个“糟老头子”，不感冒。“牛”可能会让他们大感兴趣。我是不想让他们拿走的呵！但要注意，你以后决不要再买这些东西了，少花冤枉钱。现在是5.22上午9时。写到这里，蒋秀丽从蚌埠来电话，已经到家了。我现在就同倪立彩一起去给你寄信。

猪！猪！一切要注意！

姥爷

5.22上午

六

丹丹猪：

差不多天天想给你写信，天天没有动手。一是正在看30多万字的集体的抗日战争[①]最后改稿。原来以为很容易，看一遍就行，实际不是那么回事，几乎每一页都有要改动的地方。一个多月过去了，才看了近10万字。这是我现在的一个大负担，但也必须坚持下去。二是不断看到一些新书，总想先了解一下。随手翻一下，几天就过去了，实际现在也用不上。三是最近又作了几首诗，虽然主要是晚上睡不着时想出来的，有时白天也要翻翻有关资料。这样一来，一两个月的时间就溜掉了。当然也有出去参加什么会，如："七七"纪念会，外贸部《商报》座谈香港回归会，明天要去社科院参加一个学术会等。似乎哪一项都"应该"，时间也就这样"应该"完了。身体当然明显不如去年此时了，主要是支气管变得更糟，不过对活动尚无大碍。天气不太热时，也仍去河边走走，在楼下做做操。就这样凑合吧！没有什么大不了的，不是吗？

最近有几个小故事：立彩来了一个多月。我说话她没有反驳过。那次电视上有穿着"道袍"参加学生毕业典礼，晚上她给我剪胶布，突然发笑。我问笑什么？她说电视上叔叔的衣服真有意思，然后说，那也是一种荣誉。我说穿个衣服算什么荣誉？她马上反驳："你有吗？"那次去《商报》顺便到方庄看李侃[②]，李住院了，家中关门一把锁。过了几天我电话李家问病情。李的儿媳回答我的问题，然后说，前几天，楼上电梯员告知有一老人来探望李老，你们家中无人，老人走了。问什么样子，回答说，很老了，穿中山装。她们家一直猜测，那是谁？"现在还有谁穿中山装！"我如果不打电话，她们还要猜下去。又一二十天以前，24楼北墙外铁栅栏加高约60—70公分，并加了一个向外弯约10公分的弯条。据说这是防止有人翻栏入楼的安全措施。我去散步有两伙人正在施工，每伙四五人，有干活的，有就地而坐的。我与其中一伙工人攀谈，并认为新加的弯度铁条没有用，反而给攀登者提供便利。其中一人忽然站起，与我辩论，大声说："有弯度，往上爬的人身子就要往后仰，不容易上去。这是经过试验的，这是力学。你是搞历史

① 指刘大年主编的《中国复兴枢纽》。

② 李侃，中华书局原总编辑。

的，不懂力学！”我实在吃惊，他们不是楼里维修组的，怎么知道我是干什么的？也就在这以前不久，我去22楼维修组，告知他们室内开关失灵。我请他们尽快检查下，说一家一户不方便关系不大，如果电线走火，全楼的问题就大了。旁边一位样子斯文的女士马上接口说：“到底是抗战老人，就是不一样。”

又“七七”北京电视台有个镜头，我没有看见。司机杨富华看了以后对我说：“这不是我们老头吗？”然后对我说，怎么也不做身西装？我说，我穿东装吧！还什么西装！诸如此类，笑笑而已！

刘燕丫头一星期以前来家里待了5分钟，主要是谈与你是否在美国见面的问题。我的意见是，你现在方便，就去，否则回国时再去。她说到时跟你电话联系。

现在北京正热，常有小雨，所以也可以过。水果各种各样，充分供应。一切不必挂念。呵！顽强，安全，警惕！猪！

蒋秀丽现在倒霉了，一天打一枪换一个地，十多处了，没有安下来。倪立彩还行，不懒。

姥爷

212　田珏来函及复函

（1996年1月21日、10月30日）

一

大年老：

在电视上看到您老身体健康，面色红润，声音洪亮，我们非常高兴。衷心敬祝我们敬爱的刘老健康长寿，万事如意！并祝新年好，春节快乐！

关于翦老[①]百年诞辰纪念文集一事，得到您大力支持，并慨允写一篇回忆文章，我们深受鼓舞。这件事得到北大、史学界和出版界大力支持，已陆续收到来稿。日前寄上的翦老史学论文集想已收到。

先生的稿子能否于今年6月底以前完稿（用400字大稿纸抄写），届时寄邮局有困难，可打电话通知我去取。写序、写回忆文章、写学术文章，或

① 翦老，指翦伯赞。

旧作修改都可以，请刘老择便而行。专此，敬祝
冬安！

生　田珏　敬上

一九九六年一月二十一日

二

田珏同志：

来信索要的文稿[①]草出，阅后有何意见盼电话告知。怀念翦老，写点东西纪念他，乃系宿愿，因手头有事急于处理，不及详读他的著作，再抒所见，谊深而言浅，未副所怀。你的督促，使我了却一项悬念，应当感谢。文稿开头说的年鉴学派各家，好像为吕西安·费弗尔或布洛克或布罗代尔，待查。我马上外出，如果你们能代为查出就更好了。
敬礼

刘大年

十月三十日

213　致王玉璞
（1996年6月21日）

玉璞同志：

《完稿自述》[②]诗第一首作如下改动：

（一）第二句“汗青鏖”改为“论时抒”。

（二）注文第二条“‘汗青’指历史书”六字删去。

诗系旧体，以直行为好，重新写就送去。请斟酌安排，并烦同志们一并校正。
敬礼

刘大年

六月廿一日

---

① 指刘大年为纪念翦伯赞诞辰一百周年所写《翦伯赞——革新派先贤祠中的一员》，载《近代史研究》1997年第4期。

② 指刘大年著《抗日战争时代》书中的《完稿自述》。

一

大族栽来千岁果，论时抒罢九回肠。
一枝短杖连扶出，楼外河边看绿杨。

二

列国春秋重见闻，膏肓难变假成真。
太行风雪平原暑，我是山川路上人。

214　致山田辰雄[1]

（1996 年 7 月 8 日）

山田辰雄先生大鉴：

久违雅教。五月初，张海鹏[2]先生归自东京，得悉贵处事业骎进，热肠中日学术交流，至为佩感。十一月间，孙中山诞辰一百三十周年学术讨论会在广东举行，想已获得此间音闻，届时或可面叙。

社会科学院近代史所闻黎明[3]先生为先贤闻一多长孙，学问平正，人品清谅。应邀不久访日，颇欲实现其交识同行，广增见闻，裨益于今后双方学术交往之素怀。此诚乐事，愿为先行奉达，得蒙关照，不胜感谢。顺候
时绥

刘大年
一九九六年七月八日

215　致滨下武志

（1996 年 7 月 8 日）

滨下武志先生：

---

① 山田辰雄，时任日本庆应大学法学部教授。

② 张海鹏，时任中国社会科学院近代史研究所所长。

③ 闻黎明，时任中国社会科学院近代史研究所研究员。

东京一别，多年未得如面。前些时张海鹏先生回北京，得知东洋文化研究所正由足下主持，展布鸿猷，并有可能与社科院近代史所从事某项目合作，曷胜欣幸。

此间闻黎明先生应山田辰雄先生之邀不久访日。彼系先贤闻一多长孙，学问平正，人品清谅。唯属初次东游，学界友朋多待结识请益。届时前往拜望，请不吝赐教，详加指点。彼此行倘能增其创获，当有助于双方今后交流也。先此介绍，感荷不一。顺祝

时绥！

刘大年

1996 年 7 月 8 日

216　致狭间直树

（1996 年 7 月 8 日）

狭间直树先生：

近年未晤，张海鹏先生京都归来，得悉佳况，且祝且慰。

此间闻黎明先生应山田辰雄先生之邀访日，正愿至京都造访人文科学研究所，向同行请益。届时拜访，望予接洽，不吝指教。

井上清先生与井上夫人健康定当佳胜。此次未及修札致问，烦代祝二位老人双安。京都诸旧友同此奉候。顺祝

时绥。

刘大年

1996 年 7 月 8 日

217　致张振鹍[1]及复函

（1996年8月16日、8月26日、10月3日，1997年2月17日、3月27日）

一

振鹍同志：

书稿[2]第一段经济部分改完，送回。你看、改很细，费了大劲。我随看随改，不知前后是否连贯。经济部分有些技术性问题需要起稿人处理，其他部分也有要再查对资料的。把我修改的情况和处理意见写在下面。

（一）全稿改动的地方：（1）不准确、缺乏固有内容的提法，性质模糊、不鲜明的用语。（2）修改评论，加上评论，删去评论。（3）改论证写法为叙述，“正如”一类的论证改为叙述事实。（4）删去不必要的《毛选》引文、相关的注脚，有些必须照用的评论也不保留引文形式，适当变通。（5）增添少量必要的资料，改正错误的或用处不大的资料，删去过于繁琐的细节、括弧、注释等。（6）文字不顺或过于僵硬者、重复者，以及括弧使用、人名出现等技术问题。所有这些改动都为着：（1）使观点鲜明、准确一些；（2）区别于论文、党史、专史写法，最后让这本书成为接近于提供历史基本知识的读物，便于读者接受。

（二）第二段经济部分难度更大，清庆瑞[3]同志作了很大努力，应当充分肯定，但存在的具体问题也不少。（1）有些资料欠准确；（2）说法或数字前后矛盾；（3）有些地方意思含混或过于繁琐；（4）文字有欠顺畅的，有欠仔细的，如一页稿纸有四个“日益”之类。我改动的连个别文字在内，大约共一百数十处，用铅笔随手写的评注也大约二三十处，其中包括你在清稿上的多条评注。（3）、（4）两项改过了；（1）、（2）两项没有查核以前无法改动。对你的评注属于后面这两项的仍保留，待查。

经济段，涉及“官僚资本”“民族资本”“四大家族”几个多年使用的名

---

① 张振鹍，时任中国社会科学院近代史研究所研究员，《中国复兴枢纽》一书副主编。

② 指《中国复兴枢纽》书稿，北京出版社 1997 年版。

③ 清庆瑞，参加《中国复兴枢纽》一书若干部分的补写和改写工作。

词，清稿照用大概是不得已的。它们的出现自有道理，但我们现在是讲抗日战争时期大后方的经济，此时此地，一一照搬，明显地窒碍难通。为什么要改，书上无法讨论，略加说明而已。

（三）关于改动几个名词的理由：沿用已久的“民族资产阶级”与“买办资产阶级”定性鲜明，对应关系明显。现在谈的是“资本”谁属问题。“资本”与“阶级”固然相连，把“买办”换成“官僚”，事情就大不一样了。“民族资本”的对面应是“非民族的”或“外国的”，而现在它的对面是“官僚资本”，两者并不对应。“官僚”的定位应是私人或个人，现在这里说的“官僚资本”企业，（1）并非全属，乃至大部分不属个人或私人所有，而是国家财产；（2）它并非“外国的”或“非民族的”资本，不能跟“民族资本”对应；（3）如果其中确有“非民族的”“外国的”资本存在，那么，用“官僚资本”来概括，就有混淆资本属谁所有的问题。敌占区这时有日本的“非民族”的资本大量存在——其实它本来是中国人的财产，大后方则无此。凡此种种，用“官僚资本”来与“民族资本”相对应、相区别，明显地是对两者的表述都不确切，尤其对“官僚资本”的定性不当，没有表明它的所有权归谁。把“官僚资本”简单地改换成“买办资本”看来也行不通。本书无法就此进行讨论，但决不能人云亦云。我在清稿上作了这样的改变：“民族资本”改为“民营企业”，“官僚资本”改为官僚资本控制的“官营企业”或“官营资本”。行文中不可能处处都这样用，至少开头或适当地方可以这样用。但“官营”不可换为“国营”。这是一种权宜办法，不是定论。最后如何，让专家去解决。如果有另外的办法，当然也可以采用。总而言之，必须自圆其说，不可习焉不察。对过去有些说法习焉不察，或者反过来对本来正确的东西翻案否定，表示所谓“革新”，都违反科学要求。

（四）处理意见：国际关系部分送陶[①]，原稿习惯于专史写法的地方和个别不好使用的资料这里作了改动。经济部分送清[②]，请他对评注指出的待核对数字、资料和正文中个别尚待改写的文字作处理——主要是去掉毫无必要的衙门名称、第 ×× 次会议、不必要的人名。以前反复讲过，我们的书上

---

① 陶，指陶文钊，时任中国社会科学院美国研究所副所长，参加《中国复兴枢纽》一书若干部分的补写和改写工作。

② 清，指清庆瑞。

不能乱出人名等，逐条核实，写出新的文字条目，我们三人会面谈一次定稿。但请注意：（1）必须有文字的东西，不能光有想法，否则我们见面也会费时而无结果。新改文字多寡长短，视需要而定，宜简不宜繁。（2）时间紧迫，八月间的最后几天务必解决。这里同时说明一下，你在清稿评注中提到的要求进一步作补充，或提供数字、或详注出处的，我觉得有一些太繁琐，或者无必要，更或者太困难，无法办到，也就不必再去费功夫了。这也算从实际出发吧！

（五）现在此稿面前最大的问题是一拖再拖，就是现在拿出来了，也不过如此，卑之无甚高论，不一定比已有的同类书好多少。但事已至此，必须鼓足最后一把劲，把它了结。希望九月底能看到你改过的全稿，我再花个把月校对一遍，即交出版社。我们共同继续努力加油，时不我与！

敬礼

刘大年

一九九六年八月十六日

二

大年同志：

送上第二大段统稿。

第一部分“五、抗战旗帜下的民族大凝聚”应属第一大段，因姜涛[①]同志送来稿子时，第二大段统稿已编上页码（自124起，与以前送阅的第一大段统稿衔接），这一部分只好单独编页（1—24，中间插了一个“4之1”）。

“八、国际关系的演变与国际反法西斯统一战线的形成”、九之（二）中的“中国远征军入缅”、十之（三）“国共关系”及（四）“美国介入国共关系”等部分是陶文钊同志改写或补写的。

十之（一）“第一次民主宪政运动与谋求政治改革的初步尝试”“民主党派的初步联合”是闻黎明[②]同志补写的。

统稿中有些脚注还要核对原文，少数资料尚须核实。

---

① 姜涛，时任中国社会科学院近代史研究所研究员，参加《中国复兴枢纽》一书的撰稿工作。

② 闻黎明，时任中国社会科学院近代史研究所研究员，参加《中国复兴枢纽》一书若干部分的补写和改写工作。

“七三一部队”一段在六（三）之“东北抗日联军的艰苦斗争”部分（原书第177页，统稿第149页）。这个问题应该怎样写，放在什么地方为宜，尚须再考虑，请您提出意见。我向好几位同志打听日本、美国出版过哪些书，都不知道，还在继续打听。

清庆瑞同志的稿子“国民经济向战时经济转轨”及“大后方战时经济的发展与经济危机”两部分上周已交刘兵[①]同志转给他。“减租减息与大生产运动”没有退给他，因为这一部分改动很少，里面没有什么问题。

第一大段您修改过的陶文钊同志稿遵嘱已交他一阅。

您写给我的信复印件已送清、陶各一份。

现附上原打印件给您。此致

敬礼

张振鹍

1996年8月26日

三

大年同志：

送上最后一批统稿。

第“十一”是第二大段的最后一部分，“十二”以下为第三大段。

稿子中还有若干具体问题待解决（核对资料、查出处等）。

第“十六”之（三）“正面战场日军的挣扎与中国军队的局部攻势作战”是新组织的。这一部分的内容原来分散在两处（原书第409—411页，第394—395页），太不合理。我去统稿时把它们合在一起，按时间及内容放在现在这个地方。事先未能与您商量，请仔细审阅。

有些稿子经过其他同志的修改、增补或改写，我是在这些稿子的基础上统稿的。这些同志是：

陶文钊：十一、十四、十五之（二）、十六之（一）。

罗焕章[②]：十二之（二）（部分改写）、十五之（三）、十六之（五）。

清庆瑞：十三之（一）中的“减租减息”、十三之（二）。

闻黎明：十三之（三）、（四）、（五）。

---

① 刘兵，参加《中国复兴枢纽》一书的撰稿工作。

② 罗焕章，时任中国人民解放军军事科学院研究员，《中国复兴枢纽》一书副主编。

统稿后有关部分曾请陶、清、闻三同志看过，罗处曾打电话商量。

姜涛同志的稿子他自己正在修改。

这个星期天（6 日）我要去保定，下星期五（11 日）回来。您如有事联系，请错开这个时间。顺致

敬礼

张振鹍

1996 年 10 月 3 日

四

振鹍同志：

书稿第二大段和闻黎明同志新添部分改完送回。情况长话短说。

一、改动的地方与第一次大致相同。新的情况是：（1）力求与前段保持衔接统一，不使重复，又不使脱节。这方面原稿尚存在一些不足。（2）加了一些评论，如百团大战、皖南事变、太平洋战争、大后方民主运动等。有些地方不加评论，读者不容易了解真相。这些评论，当然要尽可能夹叙夹议，以免把历史叙述变成论文。但要视情况而定，不拘一格。因为人们看历史书总是要知道一有什么事，二有何意义。我们要尽可能做到，不使读者看完以后，仍感茫然。（3）改变了过去某些习惯的提法，三次反共高潮字样书中没有用，只直书事实，使是非曲折自见。司马光称“诸葛亮入寇”，朱熹称“丞相诸葛亮伐魏”（大意），那其实是文字游戏，人们并不能从中知道究竟发生了什么事。道理无法在此详述，希望这样尽可能表达出科学的历史观点。（4）改正一些事实错误，如原稿所载刘伯承与鹿钟麟会谈等。刘、彭两《元帅传》，记载正确，但有缺略。彭与鹿会谈好像两次，须查当时太行《新华日报》，不行，就算了。又如冀察战区石友三等处，原稿杂乱重复，现在归并到一处，头绪眉目明晰。（5）恢复了几页被删掉的部分，保留下来容易看清过程。其他文字改动不一而足。

二、陶、闻新稿都花过很大功夫，数量多，也有新内容，但他们都近似专史或专题叙述的。这是他们的专业使然，大概下笔难休。《枢纽》是综合性读物，要根据不同事情的不同地位，有所详略取舍。改稿时汲取其观点压缩了资料，看来眉目比较鲜朗。姜文人口流通根据他的资料，加进一些看法，重新编排，似乎与中国抗战特点贴得更紧些，也许别人不这么看，那就不管了。

三、稿中仍有不少不必要的引文注释，应该坚决去掉。引用原文加引号，应按以前说的严格限于正式文告、决议、高层或权威方面的谈话，不可缺少的人物问答等。有些文告、决议等需要采用，也不必都加引号，不改变原意就行。人名应尽量少出，出人物不在其地位高低，只根据需要权衡，小人物，所谓“引车卖浆者流”需要时也要写上但必须选择。总之，历史上的很多事不能抄文件要用自己的话来讲，只要有根据，就不怕杜撰、捏造之嫌。不然，开卷入眼，到处是引文、决议之类，肯定无人卒读。说得不好听一点，这是下决心不叫人看。我是随手改的，或有文字不妥，或注释移动，都请仔细核一遍。

四、刘兵同志取去全稿，其中有小部分要重贴、抄写或打印的，请你看后酌处。他的工作我说过，烦再具体交代一下。

五、我已通知北京出版社，三月十五日交稿，齐、清、定。他们答应很快安排计划落实。我手中还有近120页稿子。如果都像现在碰到的情况，很难想象能如期赶出，希望有比较顺的部分，那就可以脱手。现在夜以继日，每天服安眠药只能睡两三个小时。但骑虎难下，事已至此，什么也不必说了。望同刘兵同志或有关其他同志研究，安排一个倒计时日程，务期实现。你看过稿子以后，我们联系面谈，解决一些剩下的问题。结果总算有望，临楮匆匆，请来一个最后冲刺。

敬礼

刘大年

一九九七年二月十七日

五

大年同志：

现送还您的两本书《中国复兴枢纽》及《抗日战争时代》。同时送上：（1）《枢纽》书名、主编、副主编名单；（2）编写人员名单；（3）目录；（4）地图目录；（5）“细菌战”稿。请您审阅。

林同济引文的删节已以铅笔标在原书第508—510页上，请您看看，如有不妥，还可在一校样上改正。

“细菌战”稿您如有修改，请于4月3日前告诉我，以便在一校样上改正。

一校样已由刘兵同志取来，我们将按您电话上所说处理。按出版社的要求，4月5日前送还给他们。

您如有什么意见，请于4月4日前告我。顺致

敬礼

张振鹍

1997年3月27日

218 施宣圆[①]来函及复函

（1996年11月13日，1997年4月11日）

一

尊敬的大年先生：

早在读书的时候就久仰大名，拜读您的大作，您是我们史学界知名的前辈。这次在中山见到您，您平易近人，亲切和蔼。而且您已八旬高龄，身体非常好，思绪敏捷，这使我们感到非常高兴。

您的大作[②]今日见报了，感谢您对本刊的支持。《文汇报》在学术界的影响颇大，发行达46万份，希望以后继续得到您的支持。

寄上两张照片，请收！祝

健康长寿

宣圆

十一月十三日

二

宣圆同志：

去年十一月寄来的报纸、大札和照片均收到。谢谢。首都学术界曾于去年十月间为老辈学者陈翰笙[③]百岁寿辰集会祝贺，并有中央有关同志到场

① 施宣圆，时任《文汇报》编辑。

② 指刘大年著《关于研究孙中山与中国近代化问题》，载《文汇报》1996年11月13日。

③ 陈翰笙，曾任中国科学院哲学社会科学学部委员，中国社会科学院顾问，世界历史研究所名誉所长。

讲话，消息见于十月二十六日《人民日报》。我在会上致的祝词，对于关心中国社会性质讨论的人或者可算一点线索。寄奉一份，不一定发表，可供检阅。

敬礼。

刘大年

一九九七年四月十一日

219　致《近代史研究》编辑部

（1996年12月21日）

编辑同志：

节选[①]费了不少工夫。

头尾和两处小标题略有改动，请以此稿为准。

“主题”问题在全文中并未论及，故应删去。

冯友兰人名书名实以载明为好。从刊物的性质来看，对这类学术问题过多避忌，反而容易资人疑义。何况本选是节选。如果仍决定删去人名书名，可改为“一部受人注目的中国哲学史著作”，以免过于含混，显得类似无头告示一类。

敬礼

刘大年

一九九六年十二月二十一日

---

① 指刘大年《方法论问题》的节选，载《近代史研究》1997年第1期。

一九九七年

220　致胡绳

（1997年2月）

候胡绳同志次春节前近作韵①

一

真伪群经战不休，问谁扬铎足千秋。
如今班马来新笔[一]，莫怪青松也白头。

二

岁月壶中长亦休[二]，何须盘古共春秋。
洪荒我辈逢开国，出峡长江看后头。

[一]《胡绳诗存》（中国社会科学出版社1992年版）《梦回故寓》诗："犹思挥笔追班马，不用频嗟发已华。"

[二]"壶中"故事出《后汉书·方术传》。韩偓诗："日向壶中特地长。"

---

① 胡绳原诗为："人生谁不赋归休，临老相争能几秋。故国新生双眼豁，教人一步一回头。"

221　致杨尚昆[1]

（1997年6月4日）

尚昆前辈同志：

谨颂健康，并祝九秩荣寿。

我是胡乔木同志生前担任名誉会长的抗日战争史学研究会的会长、中国社会科学院近代史研究所名誉所长，是一九三八年参加八路军的一名战士。今年"七七"届满抗日战争六十周年。研究会和有关单位筹办的纪念"七七"国际学术讨论会订于七月四日在卢沟桥抗战纪念馆举行，有台湾地区及日本、美国学者参加。会议以阐述民族觉醒、民族团结，弘扬爱国思想为主题。我们十分希望届时您能出席开幕式，并发表简短讲话。讲话稿我们当代为草拟，送请指正。"七七"五十周年您在《人民日报》发表纪念文章，大家记忆犹新。如今"七七"过去了六十年，当时担任重要领导职务的革命老前辈已经寥若晨星。如果您能够出席这个纪念性会议，必将使大家备受鼓舞，广传影响，不知能否作出安排。专此奉陈，等候裁示。

敬礼

刘大年

一九九七年六月四日

222　致施宣圆

（1997年10月28日）

宣圆同志：

遵嘱凑了几百字，填满稿纸格子而已。没有胜语，想用"信息盈十面，声名播五洲"表示祝贺。有无可取，我就不问了。

敬礼

刘大年

1997年10月28日

---

① 杨尚昆，原国家主席。

223　致《中国石油报》编辑部及复函

（1997 年 11 月 16 日、12 月 28 日）

一

致《石油报》编辑部：

科学技术门类繁多，任何人都不可能，也不需要把它们都掌握起来。如果有一门知识是大家都应该有所了解的，那就是人文社会科学、我们祖国的历史文化。一个人的行动要受灵魂支配，人文社会科学就是支配我们了解过去，辨认祖国的现状、前途命运，自觉地在社会主义道路上胜利前进的灵魂。我是说，应该有所了解，不是认为大家要像石油开采与提炼那样，深层地钻下去，然后又炼制出种种高型号的产品。假使有人对此有兴趣，学而不厌，当然一样值得赞许。编辑部开辟人文社会科学专版，很有眼光。我相信它会受到读者的欢迎，编者和读者将从中各有收获。

刘大年

一九九七年十一月十六日

二

刘老：

您好！

呈上报样两份，请您指教。

近日拟来府上当面致谢，同时希望采写您的专访，以配发您为我们的题词。

《中国石油报》影响有限，但文史咀华是“特区”，事在人为，作为有高度自主权的主持人，我将努力办出影响和成绩。

请求您的支持。敬颂

冬安！

姜斯雄　顿拜

一九九七年十二月二十八日

224 致人民日报理论部
（1997年11月25日）

人民日报理论部同志：

中国出版工作者协会与光明日报将于十二月一日举行“毛泽东与廿四史”学术座谈会，纪念毛泽东同志诞辰一百零四周年。举办者要我参加会议。毛评廿四史确有不少新的内容，又是江泽民同志访美送给克林顿的礼品，应当宣传介绍。我写了一篇稿子，送给你们参考。①

刘大年

11月25日

225 致陈万雄②
（1997年11月29日）

万雄先生台鉴：

许久未晤，常听刘潞③说起贵处佳况。社会科学院近代史研究所所长张海鹏先生开会赴港，有事前往请教。请予接谈，并望鼎力协助。顺祝

时绥。

刘大年

1997年11月29日

①《人民日报》1997年12月20日发表刘大年文章《毛泽东评〈二十四史〉》。

②陈万雄，时任香港商务印书馆总编辑。

③刘潞，刘大年之女，时任故宫博物院研究员。

226 何定一[①]来函及复函

（1997年12月14日，1998年6月26日）

一

大年同志：

你好！

十月初在北京看到你精神愉快，身体健康，我很高兴。尤其听说你还在继续为党为人民工作更加高兴。几十年来我不仅口头上称你为兄长，我思想上一直把你当作我革命队伍里的老师。在洛川胡村时，那时我还是一个不懂事的孩子，没有一点社会知识，不仅对教员讲课的内容我不能理解，就连方教员那标准的东北口音我都不能全懂，他讲“自然”，我竟然听成是“低烟”。只有你在我们之间能深入浅出地谈一些话，使我能接受一些革命的道理。

这些年来我见到了你总想把心里的话对你说说，在你面前说话，我也毫无顾忌。每次见面你总给我很多思想上的启发和帮助，不断地纠正我一些不正确的看法。就是这次见面你虽谈了一些家乡景观和人际之间的一些生活琐事，但对我的思想起了很大作用。我们在下面听到的只是社会如何腐败，听你的谈话后知道中央很多工作人员是十分廉政的，就拿胡启立和范文澜的孙子一例就很说明问题。我和家人和孩子们还多次谈到你扶困救危的高尚品德，你在洛川卖了手表给了我一块钱，我买了一副绑腿。因那时发的吊裤是半截腿的，在延长何老[②]见我光着脚穿一双旧布打的草鞋时，他给了我一双毛袜。这两件东西我一直保留到一次战斗中我负伤昏迷之后连背包一起丢失了。但你在平顺给我题的临别赠言到现在我仍作为座右铭记在心里：“不要好高骛远脱离实际，要由浅入深渐至佳境。”你在天坛医院住院养病时，我去看你不仅什么东西也没有给你拿去，你反而给了我三万元[③]钱。那时三万元钱是很值钱的，我当时买了牙刷、牙膏、脸盆等很多日用品，因返城之后住营房

---

① 何定一，空军某部离休干部。1938年与刘大年自家乡湖南省华容县同赴陕北抗日军政大学。

② 何老，指何长工，曾任中国人民抗日军事政治大学副校长。

③ 旧币，币值相当于1955年3月1日发行的新人民币三元钱。

再不能向老百姓借用那些日用品了。

回忆起这些历史是多么珍贵。还有好多事想说，又怕影响你对事业的思考。但有一件事想说一下，就是那天你说我救了张纪光[①]同志，当时我没有把这事说清楚，这个说法是不对的。在一个战场或一个战斗中，同志之间都是相互支援的关系，说我救了他也可说他救了我，何况我们这个营是担负着保卫分区和专署的职责，我们连又担任东西的警戒。我们没有做好保卫首长的工作，在那个环境下当然责任不在我，我只能做我应做的事。今后千万不要再这么说了，这不好听。我对纪光同志是非常尊敬的，他平易近人，热情好客，没有一点首长架子。我是怎么认识纪光同志的？那时我们部队像我这样的基层干部好多是不知道专员和地委书记的姓名的。是由于传达我们团政委的错误时，提到他骂地方干部，最突出的就是张专员的名字。那时军地干部之间有不融洽的地方，上面的我们不知道，下面的我们知道一些。

一九四二年冬组织上派我去冀西改造土匪，我本身根本不具备改造土匪的素质，但上级的命令是不可抗拒的。当时是敌强我弱，我们只有利用土匪去抗日。但人们对我的期望是很大的，也有些人有点形而上学的味道，以为土匪里去了一个八路军，土匪就一下变成了八路军。实际不是这样，不说我是一个简单粗鲁的基层干部，就连我们分区魏开荒副司令去改造的那支土匪，他们也是我行我素，魏副司令也控制不住。最后除我改造的这支土匪编入八路军之外，其他多支被改造的土匪部队，叛变投敌的叛变投敌，瓦解的瓦解。

回忆过去战争年代的生活，那时我虽离英雄模范人物的距离有万里之遥，但自觉还有些匹夫之勇，进了城市看茶碗坐办公室之后连这一点也失去了。我也响应“要接受新事物，研究新问题”，我也学了一些业务知识，但由于我是一个四肢发达头脑简单的人，学习总是不对路，每次政治运动经常被动挨打，看到近些年党对大的政治运动的利弊有所察觉，但我也快到人生的尽头了。不知不觉说得太多了，很对不住。今后再有机会到北京去，在你有空的时候去看你，因为我已有了你的电话号码了。祝你

健康长寿，幸福愉快、事业成功。

何定一

十二月十四日

---

① 张纪光，曾任冀南行政主任公署冀南区第二行政督察专员。

二

定一同志：

春节上午接到你从大连打来的电话，非常高兴。今天想起来，乡音还在耳边。你说今年不可能来北京了，不知近来身体如何？念念。我希望我们能够再有机会见面。你比我小六七岁啊！

我现在所有的社会活动都不参加了，想争取最后的时间写一本回忆抗日战争的小书。目的不是讲个人，是讲我看到的中国人在那场伟大的民族解放战争中是怎样走过来的，讲他们坚韧奋发的民族精神。从华容出来进抗大的六七个人，除了下落不明的都已经过世，你和我不但从战场上幸存下来，而且坚持到今天，看到了我们的国家正在振兴起来，是当初料想不到的。倘若我的书能够写完出版，加上一些当事人的照片等，将可以让读者多一点真实感。请你寄给我一两张早些时候的照片，以备采用。你退休的时间、职别、所在部队的名称，也请一并注明。我在撰写过程中，有些当时的人名、地名总也回忆不起来，翻出你前几年写给我的一封信，那上面有些内容和我的回忆有关，而且说得很准确。那封信署的是“十二月十四日”，没有年份。你如果还能记得起年份，请告诉我一下。看起来这些都很繁琐，为了求得真实，有时是必要的。

你的信上说，那时自己与英雄模范人物的距离有万里之遥，“自觉还有些匹夫之勇”。你这种“匹夫之勇”我是亲见亲闻的。在敌强我弱、环境异常险恶的情况下，智勇双全诚然可贵，“匹夫之勇”又谈何容易！指挥少量部队，与猝然蜂拥而来的敌人在街头短兵相接，顽强顶住，以至压制住凶猛的敌人，谁都不难想象那该是何等的胆量、勇敢！八年抗战是中国复兴枢纽。我们这一辈子没有白过，我们尽了一个爱国的中国人的责任。我们受到了民族解放战争那个伟大时代的洗礼，也为那个时代贡献了大海中的一点半滴。我们不必与人争光荣，也不值得与人比高低。我们现在身边的某些事肯定不都是公平的，回头想一下，当初我们选择到延安参加抗战这条路，本来是豁出了性命的，其他又算得了什么。我们在自然规律支配下，很快都要最后作结论了，这个结论中将有一句关键的话：我们走的是一条正确的大路，光明的大路。这是可以自慰的。

老态龙钟一类的话，早就不足以形容我现在的状况。我只能扶根短杖在楼外河边缓慢地走走。常常要去医院，一天拿笔的时间很短。但是抗日战争是我最有兴趣回忆的往事。要写出来，尽管力不从心，也不想放弃作一次争取的努力。

精力如果可以，请回信。顺祝健康。

敬礼！

刘大年

一九九八年六月二十六日　北京木樨地

227　致胡绳及复函

（1997年12月，1998年1月）

一

胡绳同志：

七言八句草出，送上博生日一哂。

小序中述评一段，粗笔大意，不敢谓分两不可易移，然，自觉无推崇过当，而反有列举不足、话未说透者。他日慧眼里手详论近代人著作，必能分别确切言之。凡不妥处，望即示知，当作修订。

敬礼

刘大年

一九九七年十二月三十一日

贺胡绳同志八十荣寿

（1998年1月14日改稿）

去年十二月中，至胡绳同志成方街新住所探叙。我说社会科学院不知什么时候为你庆贺生日，接到通知，我一定参加，但写不出文章。他说，不要写文章，写一首诗就行了。他知道我治疗足疾，天天晚上洗脚。他说，你每天晚上洗脚的时候写一句诗，七言八句，八天就写成了。我答应一定试试看。谈话间，他随手取来一本新出的书送给我。这就是他一九四三年在重庆编就的《夜读散记》。原稿送审，被国民党没收，后来从档案中发现，不久以前才出版的。我回到家里以后，翻阅《胡绳文集（1979—1994）》，其《前言》开头就写着，它们是“文化大革命”“这场噩梦渐渐苏醒过来以后写的文章”。于是“夜读”“苏醒”两个词就成了我的诗料。这两部书叙述、评论的社会生活、思想理论界存在的问题，属于两个根本不同的历史时代，而它们的思想观点又是一脉相承的。

胡绳同志的业绩，首在他的等身著作。在这方面，我有几点看法：第一，他的著作的重要意义和鲜明特点，是紧跟历史前进步伐的现实，对现实生活中存在的实际问题，及时地从学术上作出论述和解答。不论自成体系的专门著作或单篇文章，它们大都具有很强的思想力量，把学术性和现实性放在科学基础上很好地或比较好地统一起来了。第二，那些著作，使他在思想理论领域中站在引人瞩目的、独特的位置上。他的思想理论见解，受到毛泽东等领导人的重视，为学术界众多人所推崇。他不属于老一辈马克思主义研究者，在同辈人中则显著地为执牛耳者。这是由于他致力于历史研究，同样也致力于马克思主义哲学研究，准确地说，他是用哲学统帅对历史客观存在和演变的认识的。一切真正的历史学家总是思想家或哲学家。胡绳同志著作的思想力量最终来自哲学指导的力量。而他讲哲学的著作又是同历史相结合的。第三，他自青年时期开始应用马克思主义广泛地研究、讨论中国传统文化、历史与现实，述事论人，平静从容，道理有深度，语言无高声。思想开放，与时俱进。至今长达六十年以上，一以贯之。这种情形，是屈指可数的。第四，我和他看待中国近代史的基本观点相同。有人间接、直接把我和胡绳同志的看法联系在一起加以批驳，认为同属一类。这当然不无根据。但即使同属一类，也不等于就在同一个水平上。我对中国近代历史的若干看法很受胡绳同志著作的启发，虽然不是照抄不误。平时我常有机会向他请教，或者共同讨论，得到他的不少帮助和指教。陈师道讲到曾巩的时候说："向来一瓣香，敬为曾南丰。"在近代史研究上，对于胡绳同志我也想这么说。以上这些想法，借用一句略相仿佛的现代艺术创作中常见的话来说，它们就是排列在下面的七言八句的"原型"。它有几分像诗，是不是多少有可以引起读者兴会的地方，我自己就不免感到怀疑。

成方街住所院里两棵大槐树，枝干扶疏，百年以上旧物也。《诗·豳风·七月》："为此春酒，以介眉寿。"郑注："介"，助也；"眉"，豪也。"介眉堂"用通俗的话来说也许就是"高寿堂"的意思吧。不过这是我安的一个名字，未知胡绳同志意下如何。一并写出，陈请胡绳同志裁正。

相看春草发池塘，多少话头一瓣香。
夜读危时新学问，苏醒换代大文章。
子昂怀古天边阔，伏胜摩编日照长。
庭下双槐高百尺，明朝绿盖介眉堂。

刘大年

1998 年 1 月 1 日

二

大年同志：

春节前又住了十天医院（因白血球过低，而这是由于化疗引起的），出医院后，医生只吩咐注意休息，别无他问题。

蒙赠诗，反复吟诵，觉得很好。长序经增补后，推崇过甚，愧不敢当，但所述几点确是我所力求做到而并未能做到的。

我也想作一诗回赠，但至今还做不出来，只是偷了孔老夫子的话戏作《自寿铭》一则，另纸录陈。此祝

春祺！

胡绳　顿

吾十有五而志于学，三十而立。四十而惑，惑而不解。垂三十

载，七十八十，粗知天命。廿一世纪，略窥门庭。九十无望，呜呼尚飨。

右《八十自寿铭》录奉大年老兄一粲。

胡绳

戊寅年春节

一九九八年

228　致杨天石[①]及复函

（1998年1月14日、7月4日）

一

天石同志：

刘潞稿送去，如何处理，概由编便。倘有修改意见，请电话告我，以便转知作者。

敬礼。

刘大年

1998年1月14日

二

大年同志：

您好。刘潞同志大作已发表，呈上样刊两册。照片及复印件同时奉还。谢谢您和刘潞同志的支持。盼源源赐稿。祝

康强！

杨天石

7月4日

---

① 杨天石，时任《百年潮》杂志主编。

229　致何定一

（1998 年 10 月 17 日）

定一老弟：

来信和食品先后收到，请放心。你实在不应该买食品，花这个钱。何况你还要分担孙子们生活、学习的开支。想汇点钱去，又不符合我们六十年同志加朋友加老乡的关系。我心里很不安，谢谢你和你老伴了。最近写作速度非常慢，像蚂蚁爬一样。已经确定十一月中旬出去一趟①，很勉强难以推脱。往后写作上有什么问题，再给你写信。望你们都注意健康。

敬礼

刘大年

1998 年 10 月 17 日

230　致三笠宫崇仁②及复函

（1998 年 11 月 9 日、13 日）

一

崇仁先生左右：

肃启者，秋日明朗，祝候健康。

三四年前，读到《读卖杂志》上的尊著《作为日本人对中国事变的内心反省》及答记者问，至今印象犹新。先生以宏达坦荡襟怀，对待近代中日关系的历史，对待中日战争，我认为这是真正反映了日本民族的优异本色与勇敢精神，体现了日本众多国民的良知，是足以受到日本严肃的学术界公允评价而载诸竹帛的。当先生以若杉参谋名义在中国战场广泛考察的时候，我作为中国共产党领导下的一名县团级工作人员，在河北平原上抗日游击战争队伍中服务。《内心反省》叙述的中国人民的苦难生活，共产党军队与人民血

① 指刘大年 1998 年 11 月率领中国社会科学院中日历史研究中心专家委员会代表团访问日本。

② 三笠宫崇仁，日本昭和天皇的胞弟。

肉相连的关系等，几乎就像是我亲身经历的事实那样真切。更有意外者，从答记者问中得知，我们竟然还有共同的熟人，那就是溥仪先生。溥仪大赦释放后，曾在全国政协担任文史专员，我一度兼管过那项工作。在此以前和以后，我跟他也有所接触，略知其后事。这似乎也是彼此可以交流的话题。六十年代起，我几次访问贵国，这次是与中日历史研究中心专家委员会同仁一起，来与日方评议委员会见面的。我在东京的时间有限，先生会见外来客人也未必方便，看来是没有当面表示敬意的机会了。中日两国需要在不断增进的友好关系中进入廿一世纪。先生老成硕望，加以影响推进之，两国人民之福也。拙作《抗日战争时代》几处引用《内心反省》及答记者问文字，奉上一册请教。诸惟吉祥辉焕，顺颂

时绥。

中国社会科学院　刘大年　拜具

一九九八年十一月九日

二

中国社会科学院近代史研究所名誉所长刘大年先生：

谨启者，惟日益健康多福为颂。

前几日，得拜识刘先生尊颜，面聆雅教，深感荣幸。

关于先生委托我将惠书与大著转交给三笠宫殿下之事，我已于十一月十三日，午前十一时过后，面谒三笠宫殿下，亲手将惠书与大著交予殿下。

我向三笠宫殿下面陈了目前财团法人日中友好会馆与中国社会科学院共同协力，致力于正确认识日中近现代史上问题的事业之事，和为促进此事业的发展，以刘大年先生为团长的十二人代表团访问了日中友好会馆一事，以及先生欲委托我将惠书与大著转交三笠宫殿下之事。对刘先生的厚意，三笠宫殿下非常高兴，殿下说：“刘大年先生的大著我一定仔细拜读，先生处请代为多多致意。”为此，特先驰书先生。

手此，即颂刘先生

日益健康与中国社会科学院的兴旺发达。

财团法人、日中友好会馆会长

后藤田正晴

一九九八年十一月十三日

231　致佐藤猛夫[①]

（1998 年 12 月 17 日）

佐藤大夫、白云主任：

我这样称呼您，是拿起笔来写信，心情上就像回到了当年的太行山白求恩医院。您大概也觉得有点意思吧！

东京贵宅见面情景，至今盘旋在脑际。前几天我去看望钱信忠[②]部长——这也是用的在太行山时的称呼，他听了我叙述的我们见面的情况，看了您和夫人的照片，非常高兴。他虽然八十七岁了，健康如昔。他要我代为转达对您的问候。他回忆您在太行山医院的情形说，您医术精湛，认真负责。凡外科手术他自己做，内科主要由您诊治，受到患者信赖。他听说同我一道去贵宅访问的早稻田大学尾行洋一教授称您为“日本的白求恩”，表示赞赏。我与日军遭遇发生肺部破裂，能够活下来，对您和对钱信忠部长我是永远感谢的。

日前日中会馆发来电传，得知您打算明年春天来中国访问，我们十分欢迎。如何落实，这里需要商量一下。一旦有了结果，当即驰告。在贵宅摄的照片，将很快寄去。勿念。专此
谨贺新年，并祝双安。

刘大年

一九九八年十二月十七日　北京

---

① 佐藤猛夫，又名山田一郎，日本东京大学医学部毕业，应征入伍参加侵华战争，被八路军俘虏，参加反战同盟，在太行山八路军总医院工作，后加入中国共产党，取名白云。1943 年用中国传统的药物治疗法治好了刘大年因遭遇日军而跳崖导致的肺部破裂大出血。1945 年与冈野进一起出席了中国共产党第七次全国代表大会。抗日战争胜利后回到日本，在日共代代木医院任院长。

② 钱信忠，曾任八路军一二九师卫生部部长。

232 致陈浚、沙英[①]及复函

（1998年12月23日、30日，1999年1月27日）

一

陈浚同志：

以前我们大概在什么会议上见过面，我忘记是否曾当面请教了。

有桩学术掌故，您可以提供第一手学术资料。我的一篇拙文《回答日本历史学者的问题》刊载在一九六五年三月二日《人民日报》上。您那时是《人民日报》副总编辑，列席中央某次会议。毛泽东在会上谈及此文，您在《人民日报》传达毛讲话中，也包括对此文评论的内容。事情过去三十多年了，不知您是否还留有记忆？

我所知道的情况是这样：是年四月中下旬，中宣部林涧青同志电话告知此事，谓毛主席大意是说，文中说的世界历史发展中心应该是世界人民革命斗争的主要潮流所在的地方，讲得很对。但对于如何评价历史人物，提了一个问题：照这么说，剥削阶级的历史人物还是没有什么作用啰？过了些天，《人民日报》理论部沙英同志偕一位青年来访，谈理论工作，告知上述评论。我说，已经听说了。他问听谁说的，我告以实。沙说，那是同一个渠道来的。那是您在《人民日报》传达以后，他告知涧青的。现在有的文章作者想引用那个评论，但不知原始出处何在。因为它虽然是直接对拙文而发的，但实际上也涉及到评论者对所谓世界历史中心问题和对旧时代杰出人物的看法，且可供研究毛泽东思想和研究历史的参考。我想请您回忆一下：当时情况如何，评论大致是怎么说的。听说您在继续写回忆录，这也许正是其中的几行。如果不太费事，盼就近赐复。祝健康如意，并致

敬礼

大年

一九九八年十二月廿三日

① 陈浚，曾任《人民日报》副总编辑。沙英，曾任《人民日报》理论部主任。

二

沙英同志：

许久不见，听说精爽健康如昔，深以为慰。

我致陈浚同志信复本，烦抽暇一阅。我在信上说的陈可提供第一手资料，这是就最早的来源而言的。其实我的直接根据是在您这里。请回忆一下，我叙述的情节是否准确。据陈浚同志口头说，此事属实，他当时分管理论部工作，在什么场合下讲的，还要想一想。如果方便，您们两位交换一下情况，也许会更确实些。倘能就近赐复，实所拜祷。祝贺新春，并致

敬礼

刘大年

一九九八年十二月三十日

三

大年同志：

您好！

1965年，正值我主管《人民日报》的理论宣传，并开辟了《学术研究》专版。据查，大作《回答日本历史学者的问题》是发表在1965年3月2日《人民日报》第六版《学术研究》第六十四期上，只奈事隔几十年，已想不起主席看过文章所作评论。由于当时主席十分关心《人民日报》的理论宣传，看过大作并有过评论是肯定的。大作发表后不久，总编辑吴冷西同志曾经向我传达过毛主席的评论，也是完全可以肯定的。因为有的老同志还记得我曾在编委会和理论部传达过这件事。如沙英同志为此还曾偕一编辑专程拜访了您并转告了这个重要情况，也向中宣部林涧青同志讲过。只是他现在也想不起当时主席讲的原意原话。

由于查阅一些材料和询问可能知情的老同志，未能及时作复，歉甚。此致

敬礼，并祝健康长寿。

陈浚　谨上

一九九九年一月二十七日

一九九九年

233　佐藤猛夫来函及复函

（1999年1月）

一

刘大年先生：

此次您来日本，在百忙之中来到我家，非常感谢！

今天又收到了先生寄来的与钱信忠部长、我及妻等的合影照片，非常感谢！

待到春暖花开之时，如果我的身体状况良好，很想去北京、太行山等处看看。

今天寄上记述我人生经历的自传，敬请尊览。

想一想，我在中国这番经历给我自身带来了什么？经过思考，我深切感到要深深地感谢在中国的这番经历。

今天将这本我的自传送上，敬请您暇时御览，倍感幸甚。

佐藤猛夫

一九九九年一月

二

佐藤猛夫先生：

新年来函及尊著回忆录收到。谢谢。

中国社会科学院中日历史研究中心，确定邀请您和夫人及助手各一员，来中国访问一周。邀请信即将发出。四月中旬，北京春暖花开，活动游览，景物宜人。您有何建议，均可提出，这里当设法安排。

鉴于您和夫人皆达高龄，关于健康允许的范围和作好相应的医疗预防，我想是应该考虑的，助手最好就是一位医生。这将有利于访问的顺利进行。期待着我们在北京见面，那时您会与钱信忠先生再次聚首。即祝
近绥。

刘大年
1999 年 1 月 14 日

234　致杨清华

（1999 年 5 月 7 日）

清华同志：

此稿[1]请提意见。前一段和末尾是我们共同经历的，不知事实有无讹误。请随手批改，原稿退还。

刘大年
五月七日

235　齐赫文斯基来函及复函

（1999 年 6 月 3 日、9 日）

一

中国社会科学院近代史研究所致刘大年院士
尊敬的刘大年院士：

今年 6 月 2 日纪念俄罗斯科学院成立 275 周年大会，一致选举您为俄罗斯科学院历史专业外籍院士。鉴于您对世界历史科学发展所做的卓越贡献，特授予院士荣誉称号。您关于中国近代史著作在我国广为人知，其中许多被译成俄文，促进了中国知识在俄罗斯的传播。此事意义重大，衷心向您表示

---

① 指刘大年著《忠信应难敌，坚贞谅不移——记抗战中冀南的“429”》一文，后收入《我亲历的抗日战争与研究》（中央文献出版社 2000 年版）中，题目改为《冀南平原的“四·二九”》。

祝贺，并祝您身体健康，未来取得更多成就。顺致

敬意。

俄罗斯历史工作者全国委员会主席、院士　齐赫文斯基

俄罗斯科学院远东研究所所长　俄罗斯科学院通讯院士　季塔连科

二

尊敬的齐赫文斯基院士、尊敬的季塔连科通讯院士：

贵处六月三日发来的传真获悉。

谨祝俄罗斯科学院成立二百七十五周年纪念会隆重举行。

俄罗斯科学院历史悠久。它拥有众多名字熠熠生辉的第一流科学家、杰出学者，为举世所共知。我被选举为它的外籍成员，感到光荣。我把俄罗斯科学院这个有重要意义的决定，看做是对自己的鼓励和鞭策，今后当一如既往，为增进彼此间的学术交流，为增进我们两国人民的相互了解和友谊竭尽绵薄。请朋友们接受我的衷心感谢。

顺致敬意、并颂健康！

刘大年

一九九九年六月九日　北京

236　致刘传贵

（1999年10月7日）

传贵同志：

函悉。华容设立何老纪念馆，闻之欣慰。邮去两行浅语①，怀念先贤，并寄乡心。有无用场，你们自行决定，万勿迁就凑合。如用可代书。

敬礼。

刘大年

一九九九年十月七日

① 指刘大年为湖南省华容县何长工纪念馆题写的楹联："古邑新篇德业名隆洞庭水；会师制敌功勋世重井冈山。"刘大年还在此联后注释："朱毛井冈山会师，何是最早的联系人。可用则代书。"

年代不详

237　致宦乡

（年代不详）

宦乡同志：

大作屏除教条说教气息，扼要回答了各种问题，读来感觉一新。

至于需要作何修改，我觉得：

一、第一部分中，最好把我们的观点讲得更鲜明一些，一九页一段，可以移在这里讲。

二、“用什么样的哲学思想来指导一切思想和活动”（十页二行）对我们来说，这应当是不成为问题的。怎样提法，值得考虑一下。

三、介绍中国的情况和全文结尾，都需要讲得更积极一些。历史有曲折，前面有严重斗争，我们是马克思主义的乐观主义者。估计这篇文章会引起广泛注意，调子看来很重要。个别要斟酌的，在原稿上划有记号。

当否，提供参考。

敬礼。

刘大年

8月13日

238　致安隆

（年代不详）

安隆同志：

非常对不起，来信不知压在什么地方了，最近从外地回来才见到。迟未作复，请原谅。

信上谈到的事我也茫然。井上清先生治学严谨，所言必系依据事实。说新军是穿着军装的农民，看来还应该加以补充。有一部分知识分子，抱着革命目的，投营当兵，他们是起义的直接组织者和领导者。

其他我说不出什么。祝你们取得成就。
敬礼。

刘大年

9月8日

239　致某大会秘书处

（年代不详）

大会秘书处同志：

《刘大年简历》增删稿昨天送去，想已见到。现再作如下变动：一、“后任抗战学院教员”，“抗战学院”前面应加“冀南”二字。二、“冀南行署宣传科、教育科科长”改为“冀南行署宣传科长、教育科长”。三、“北方大学教务处副处长、工学院副主任”，其中“工学院副主任”删去。请照此补入增删稿。谢谢。
敬礼。

刘大年

6月7日上午

240　致乔还田

（年代不详）

还田同志：

（一）送去《全盘西化》原文及译稿。此为最初出处，似明载入注释中为好。(二)《补记》2页倒4行多一“据”字，5页倒6行缺一“鼓”字。烦代为一并改正。

刘大年

4月28日

241　致某编辑同志

(年代不详)

编辑同志：

你们看稿仔细，极好。

你们对原稿文字作的变动，按下列情况落实：(一)你们改得好的，照改。(二)可改可不改的，也照你们的改。(三)不应改动的，恢复原稿文字。尤其77页两段，乔木的话讲得正确，我的引述也没有错，删掉以后，思想性和论据都削弱了。这里没有贬低谁的问题，不必顾虑。请以此校样为准。

又文末注释应为“见”或“均见”，不能“参见”，因为别无依据也。

刘大年

12月27日

242　致傅衣凌

(年代不详)

衣凌同志：

大函奉悉。要征求意见的同志最近不在北京，一等再等也没回来。我看此事可以由学术界自己来办。

史学会常务理事最近在长沙碰头，议程上列有我们讨论的这个题目。我没有去参加，把意见也告诉有关的同志去了。北京没来，即使有所表示大体也不外政协出面举行座谈会之类。那样做，与学术讨论会也并论而不悖。有无联系，无关紧要。鄙意如此，请参考长沙碰头会的情况，斟酌裁定。

刘大年

243　致联络局

（年代不详）

联络局：

原定我于十二月间赴苏讲学一事，请同苏方商量暂时取消。中国学研究所许多人陆续来中国，目前在历史三所，工作的即有四批五人，还有人要来。赴苏讲学实际已无必要。哲学社会科学部负责同志亦提出此行可以取消，以免双方增负担。刘导生同志并就此事问及郭肇唐同志，郭亦表示同意。我两三天内就要下乡，十二月初才能返京，毫无准备，事实上也讲不成。请考虑决定取消这个计划，去个电报告知苏方。电稿附后。

敬礼。

刘大年

10月20日

244　致王冶秋①

（年代不详）

冶秋同志：

送去历史博物馆杜耀西同志的来信，材料各一件，烦抽暇一阅。

信上讲的熊培庚，做过西安考古所实习员，目前在湖南教中学，希望重返文物考古工作岗位。我和当地没有联系，无法帮助。您如果认为可以，请把材料转给湖南有关的同志，由他们斟酌处理。上次夏鼐同志去长沙时也谈到过此事，据说有可能解决。

刘大年

---

① 王冶秋，曾任国家文物事业管理局局长。

245　致周济

（年代不详）

周济学兄大鉴：

八九月间足下来京，未克把晤，良为歉然。当时适逢我外出，并在那前后两次急促住院就医，至不获一面。贱疾近已渐见痊，毋烦兄甚念。

闻人民大学已开学，假使遗留问题获得解决，应认为甚见收获，并未虚劳往返，亦足为慰也。蒙馈乡仪，无法璧还，心有未靖。寄奉八九月间外出时所携论文集一部，聊供遮目。因不知准确通信地址，只得请市统战部转交，当不致误投。腊日已残，春华在望。

祝强健奋进无息。手此，即候近安不一。

刘大年